U0958359

新编会计模拟实习

股份制企业分册

（第五版）

张维宾　汪慧华　朱　颖
周均明　谢建强　章丽娟　编写

立信会计出版社
LIXIN ACCOUNTING PUBLISHING HOUSE

图书在版编目(CIP)数据

新编会计模拟实习. 股份制企业分册 / 张维宾等编写. —5 版. —上海：立信会计出版社，2019.2
立信会计实验系列教材
ISBN 978-7-5429-6053-5

Ⅰ. ①新… Ⅱ. ①张… Ⅲ. ①会计-实习-教材②股份公司-会计-实习-教材 Ⅳ. ①F23-45

中国版本图书馆 CIP 数据核字(2019)第 037785 号

责任编辑　陈　旻

新编会计模拟实习——股份制企业分册
Xinbian Kuaiji Moni Shixi Gufenzhi Qiye Fence

出版发行　立信会计出版社
地　　址　上海市中山西路 2230 号　　邮政编码　200235
电　　话　(021)64411389　　传　　真　(021)64411325
网　　址　www. lixinaph. com　　电子邮箱　lxaph@sh163. net
网上书店　www. shlx. net　　电　　话　(021)64411071
经　　销　各地新华书店

印　　刷　浙江省临安市曙光印务有限公司
开　　本　787 毫米×1092 毫米　1/16
印　　张　16.75　　插　　页　12
字　　数　278 千字
版　　次　2019 年 2 月第 5 版
印　　次　2019 年 2 月第 1 次
印　　数　1—3100
书　　号　ISBN 978-7-5429-6053-5/F
定　　价　38.00 元

第五版修订说明

本实习教材自1998年由立信会计出版社出版以来，得到各高校会计类专业广大师生的认可和厚爱。我们在教学和使用过程中虚心听取师生和会计实务界人士的意见，不断完善，以促进应用型人才的培养。之前已经分别进行了第二至第四版的修订。经过多次修订，印数已达80 000册。

第二、第三版主要是根据我国发布的《企业会计准则》的规范和要求，进行了相应的修订，以满足使用者学习和运用《企业会计准则》的需求。

第四版的修订，主要根据企业会计准则体系在实施过程中的发展完善，如《企业会计准则讲解》的相继出台；以及税制改革的要求，如增值税转型改革和土地增值税等税收法规的变化，进行了相应的调整与修改。

本次修订第五版主要变化如下：

1. 根据财政部新发布的企业会计准则以及对已发布的有关企业会计准则的修订，进行了相应更新。

2014年财政部相继发布了新修订的《企业会计准则第2号——长期股权投资》《企业会计准则第9号——职工薪酬》《企业会计准则第30号——财务报表列报》等相关准则及应用指南。

2017年财政部相继发布了新修订的《企业会计准则第14号——收入》《企业会计准则第16号——政府补助》《企业会计准则第22号——金融工具确认和计量》；发布了《企业会计准则第42号——持有待售的非流动资产、处置组和终止经营》以及《关于修订印发一般企业财务报表格式的通知》(财会〔2017〕30号)。

2018年财政部又发布了上述相关会计准则的应用指南以及《关于修订印发2018年度一般企业财务报表格式》(财会〔2018〕15号)。2019年财政部发布了《关于修订印发2018年度合并财务报表格式的通知》(财会〔2019〕1号)。

依据上述会计规范以及会计实务的发展，对本实验教材的内容进行了更新。会计确认与计量的变化必然影响财务报表的列报，因此对财务报表列报的内容也进行了相应更新。

2. 根据营改增的税制改革和增值税税率的调整，进行了更新或调整。

2016年我国全面实施营改增的税制改革，财政部发出"关于印发《增值税会计处理规定》的通知"(财会〔2016〕22号)。财政部、国家税务总局为了减轻企业税负和促进经济发展，于2018年发出了《关于调整增值税税率的通知》。本版修订对涉及流转税会计处理的内容进行了相应更新或调整。

在本实习教材编写的过程中，我们得到多家企业会计人员和注册会计师、税务师的指点与帮助。在此，谨向这些会计、税务工作者和实务专家表示衷心感谢！尽管我们以打造精品实验教材为目标，并为之付出巨大努力，但是由于作者水平有限，书中难免有不当及疏漏之处，恳请广大读者及各位同仁一如既往地不吝指正，以便及时进行修订和完善。

本版由张维宾、汪慧华、朱颖、周钧明、谢建强、章丽娟编写。

编　者

2018年11月

前　言

为了适应社会主义市场经济体制和建立现代企业制度对会计专业人才的需求，加强理论联系实际，锻炼学生实际操作技能和综合分析能力，提高教学质量，也为了解决大批量学生到企业单位实习的困难，我们根据多年从事会计教学、审计业务以及指导学生实习的经验和体会，编写了这套《新编会计模拟实习》教材。在编写过程中，我们按不同组织形式和行业编写各分册。这些分册既能分别独立作为实习教材使用，又能相互结合作为一个股份制企业集团的实习资料使用，适用面广、灵活性强。

《新编会计模拟实习》(股份制企业分册)是为了适应我国推进经济体制和经济增长方式的根本转变，调整、完善所有制结构和满足会计教学内容改革的需要而编写的。股份制是现代企业的一种资本组织形式，它有利于所有权和经营权的分离，有利于提高企业和资本的运作效率，有利于培育和发展多元化投资主体。培养会计人才，让他们熟悉和掌握股份制企业的会计实务，很有必要。但现有的模拟实习资料，基本上都是以国有企业或少数是以外商投资企业为实习主体，有鉴于此，本教材特以股份制企业为实习主体，力求更好地与当前的经济体制改革及教学实际相结合。

股份制企业分册取材于多个上市公司组织形式、房地产及物业管理行业的企业实务，根据大量的、真实的核算资料，分析、筛选、补充、整理、综合编写而成。对于实习主体的有关内部核算制度、经济业务内容和会计处理程序，以文字与有关流程图、法律文本相配合的形式进行介绍，并将有关的重要经济业务集中在一个月里，以利于学生能比较全面和系统地熟悉企业会计核算实务及其处理依据。本册模拟实习以某个主营房地产开发经营业务的上市股份公司某年 12 月份的经济业务和 1—11 月份的有关账户记录作为实习资料，除了房地产开发成本计算与商品房销售的主营业务外，还包括物业管理、按揭贷款、租赁、投资、捐赠、兼并、商誉、送配股、土地批租、工资结算、社会保险、纳税申报、合并报表等业务，并按照我国会计与国际接轨过程中颁布的《企业会计准则》和股份制试点企业会计制度、行业会计与财务制度以及有关补充规定编写，充分体现了会计改革、税制改革的精神与要求。这不仅有利于学生系统地掌握从填制会计凭证到编制、分析会计报表的全部会计核算程序，而且有助于学生能够比较全面地掌握处于社会主义市场经济体制下现代企业及企业集团的会计实务。

本册模拟实习提供了分阶段的参考答案和有针对性的释疑解难，特别是对体现股份制企业特点以及房地产行业特点的会计处理，都作了比较详细的说明与解答，以便于实习者上手操作和检查核对，并起到具体而有效的辅导作用。此外，本册模拟实习所提供的企业内部会计核算办法有关资料，对企业的会计制度设计也具有一定参考价值。

本册模拟实习由张维宾、汪慧华、朱颖、周钧明、谢建强编写。

由于我们的水平和经验有限，书中难免有错误、不当之处，敬请提出批评和指正。

编　者

目 录

一、实习企业概况

（一）注册资金、企业类型与经营范围

企业名称：立信股份有限公司

住　　所：上海市零陵路 583 号

联系电话：43966000

法定代表人：李顺达

注册资金：陆仟万元整

企业类型：股份有限公司（上市公司）

经营范围：主要从事房地产开发及销售、出租业务，兼营物业管理、建筑装潢材料经销等业务

纳税人登记号：310104520881172

企业代码：13220582—5

基本存款账户：中国建设银行上海市分行徐汇支行 055122—00239022110

一般存款账户：交通银行上海市分行徐汇支行 066179—00149052250

专项存款账户（按揭贷款保证金户）：中国建设银行上海市分行徐汇支行 055122—00279001111

（二）公司组织架构

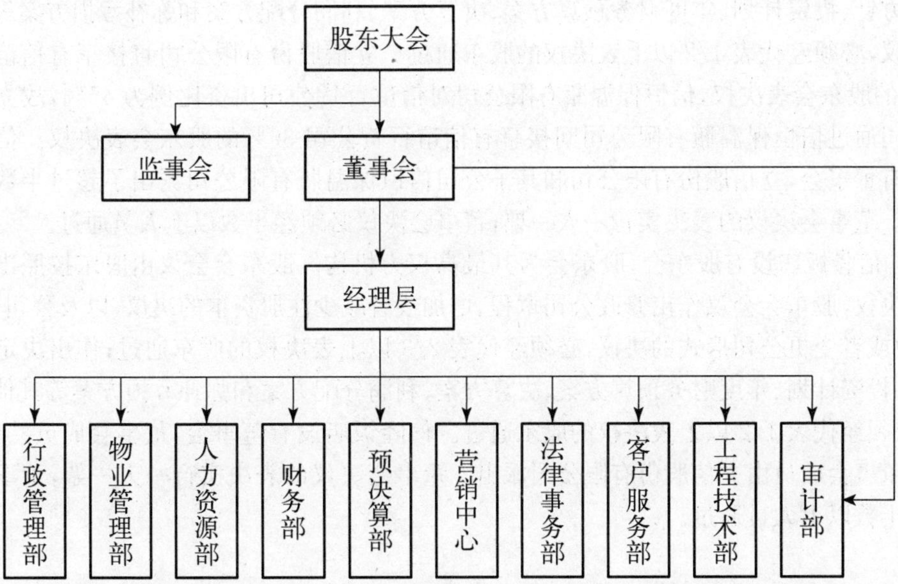

(三) 股东及其持股比例

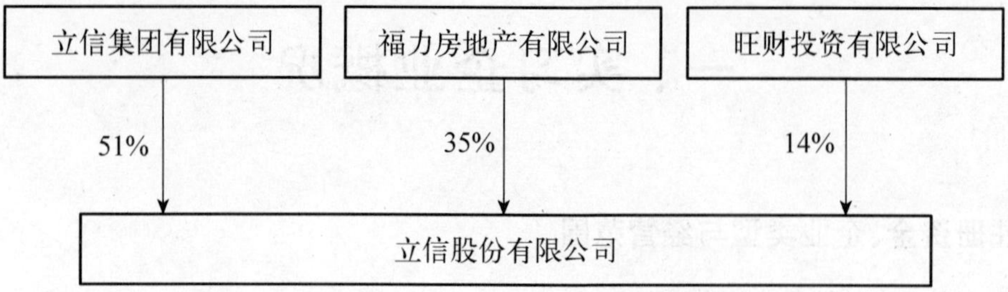

(四) 对外长期股权投资

接受投资单位	注册资金(元)	出资比例	所得税率
信恒保温瓶有限公司	12 500 000	80%	25%
信谊百货公司	8 000 000	15%	25%
信隆饭店	20 000 000	25%	25%

注:(1) 信恒保温瓶有限公司设有股东会,股东会为其最高权力机构。股东会会议由股东按照出资比例行使表决权,股东会会议作出修改公司章程、增加或者减少注册资本的决议,以及公司合并、分立、解散或者变更公司形式的决议,必须经代表2/3以上表决权的股东通过;作出决定公司经营方针、投资计划、年度财务预算方案、决算方案、利润分配方案和弥补亏损方案等其他事项的决议,必须经代表1/2以上表决权的股东通过。信恒保温瓶有限公司不设董事会。

(2) 信谊百货公司设有股东会,股东会为其最高权力机构。股东会会议由股东按照出资比例行使表决权,股东会会议作出修改公司章程、增加或者减少注册资本的决议,以及公司合并、分立、解散或者变更公司形式的决议,必须经代表2/3以上表决权的股东通过;作出决定公司经营方针、投资计划、年度财务预算方案、决算方案、利润分配方案和弥补亏损方案等其他事项的决议,必须经代表1/2以上表决权的股东通过。立信股份有限公司直接享有信谊百货公司15%的股东会表决权,信恒保温瓶有限公司对信谊百货公司出资比例为45%,故立信股份有限公司通过信恒保温瓶有限公司间接享有信谊百货公司36%的股东会表决权。信谊百货公司设有董事会,立信股份有限公司和其子公司信恒保温瓶有限公司派出了超过半数的董事会成员。董事会决议的表决实行一人一票,董事会决议必须经半数以上人员通过。

(3) 信隆饭店设有股东会,股东会为其最高权力机构。股东会会议由股东按照出资比例行使表决权,股东会会议作出修改公司章程、增加或者减少注册资本的决议,以及公司合并、分立、解散或者变更公司形式的决议,必须经代表2/3以上表决权的股东通过;作出决定公司经营方针、投资计划、年度财务预算方案、决算方案、利润分配方案和弥补亏损方案等其他事项的决议,必须经代表1/2以上表决权的股东通过。信隆饭店设有董事会,董事会成员共5人,其中1名董事会成员由立信股份有限公司派出。董事会决议的表决实行一人一票,董事会决议必须经半数以上人员通过。

二、企业会计政策与内部会计核算办法

（一）财务部内部分工

公司财务部共有财会人员9名，分工如下：

1. 财务部经理。

全面负责本公司财会工作，制订公司内部财会制度并督促贯彻执行；根据总经理下达的各项经济指标及公司经营计划组织编制财务计划，并负责实施；协调与其他部门的关系，为其他部门提供所需资料，发挥财务管理的监督作用；审查复核会计凭证、会计报表及有关会计资料；进行财务分析，参与企业经营决策。

2. 资金管理（兼期间费用核算）。

编制财务收支计划及资金预算表，对资金的运用进行事前控制和安排；负责办理各类借款手续，及时筹措经营所需资金；定期完成资金运行分析。

编制费用计划并分解落实；审核各类费用开支，监督费用计划的实施；进行费用明细核算，及时将费用开支情况反馈给有关部门，分析节约或超支原因。

3. 出纳（兼固定资产核算）。

按照现金管理制度和银行结算制度，办理货币资金的收、付业务；及时登记现金日记账、银行存款日记账和现金流量表台账；做好与银行对账单的核对工作，编制银行存款余额调节表；检查备用金使用情况；保管库存现金、有价证券、空白银行结算凭证及发票收据等。

进行固定资产购建、折旧、清理及清查业务的核算。

4. 成本核算（兼材料核算）。

根据公司开发经营的具体项目及市场动态测算目标成本；审核各项目和各环节的成本核算资料，深入现场第一线掌握项目开发实际情况；计算项目开发成本，按期结转营业成本，定期反馈成本信息并进行成本分析。

进行材料采购、入库、领用、清查业务的核算。

5. 销售及利润核算（兼股东权益核算）。

根据销（预）售合同进行销（预）售商品房核算，按制度规定确认售房、租房及物业管理收入；设置必要的销售台账，做好销售统计与分析工作，负责与营销部联系核对；结算损益并进行利润分配的核算。

按公司法和会计制度规定反映股东权益各项目的增减变动。

6. 往来结算及税务处理。

进行各种应收、应付、预收、预付款项的明细核算，及时按实现的收入转销预收账款；定期核对债权债务，做好与营销部的核对以及与建筑施工单位的询证工作。

按规定计提各种税金，按时办理纳税申报和税款缴纳；建立销售房产的营业税征收台账，以利于税务机关核实征收营业税款。

7. 工资核算(兼会计电算化复核员)。

进行工资结算及应付职工薪酬的计提和分配,以及各项基金等业务的核算。

对会计电算化账务处理及各类核算原始数据输入进行复核。

8. 总账登记及报表编制(兼会计电算化系统管理员)。

登记总账;与有关明细账、日记账核对。

编制对外报送的母公司会计报表及合并会计报表;组织编写报表附注说明;进行会计报表分析。

与被投资企业保持联系,取得并核对有关资料。

进行会计电算化软件的初始设置,包括人员权限、会计科目、会计报表等的设置。

9. 会计电算化软件操作员。

使用经财政部门审定的会计电算化软件,输入各类原始数据;查询、打印所需要的会计信息;进行简单的软件、硬件维护工作。

公司目前手工记账与电脑记账并行,条件成熟后将甩掉手工记账。

(二) 手工记账账务处理程序

该厂采用科目汇总表账务处理程序。

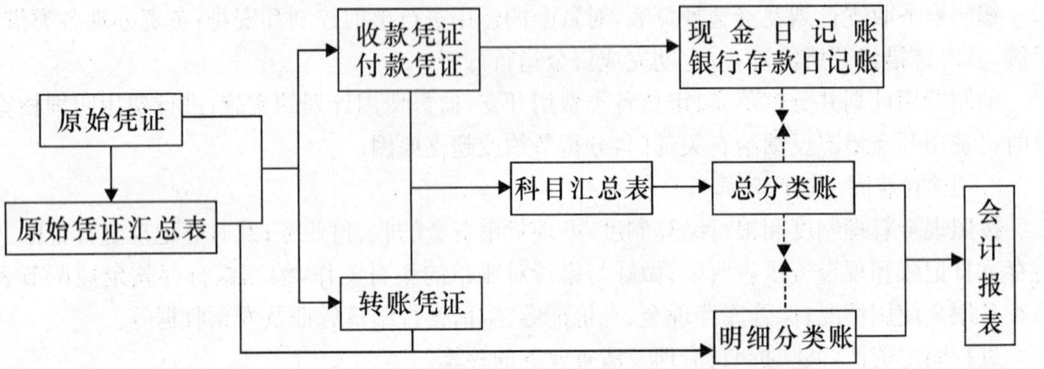

(三) 坏账损失核算

1. 应收账款坏账准备的计量及账务处理。

(1) 应收账款坏账准备的计量。对应收账款进行减值测试时,应将其账面价值与预计未来现金流量的现值进行比较,对其账面价值高于预计未来现金流量现值的差额,确认预期信用减值损失(坏账损失)。短期应收账款的预计未来现金流量与其现值相差很小的,在确定其坏账损失时,可不对其预计未来现金流量进行折现。坏账损失的计算公式如下:

$$\begin{matrix}\text{应计入本期损益}\\\text{的坏账损失}\end{matrix}=\begin{matrix}\text{应收账款}\\\text{账面余额}\end{matrix}-\begin{matrix}\text{预期收取现金}\\\text{流量现值}\end{matrix}-\begin{matrix}\text{该项应收账款所计提}\\\text{坏账准备当前余额}\end{matrix}$$

上式计算的结果如为负数,即为本期应冲减坏账准备的减值利得。

与收入准则相关的应收账款可用简易方法预计信用损失。公司应收账款按客户信用、地理区域等类似信用风险特征组合,基于该组合金融资产的历史损失率并结合前瞻性估计分别确定一个合适的损失率,预计其信用损失。

在其他信用风险特征均类似而账龄不同的组合内,可根据不同账龄分段预计损失率。

（2）应收账款坏账准备的账务处理。计提坏账准备时，借记“信用减值损失”账户，贷记“坏账准备”账户。如果预期信用损失发生有利的变化，原确认的坏账损失应当在已计提坏账准备余额的范围内予以转回，借记“坏账准备”账户，贷记“信用减值损失”账户。

2. 其他应收款坏账准备的计量及账务处理。

（1）其他应收款坏账准备的计量。公司的其他应收款均为预支差旅费、暂付押金、定额备用金、保证金等信用风险相对较低、回收期较短的金融资产。如果没有明显的证据表明其他应收款已经发生严重逾期等违约事件，可以假设其信用风险自初始确认以来并未显著增加，将其他应收款按照类似信用风险进行分组，在合理分组的基础上，采用损失率法对其计提预期信用损失准备。

（2）其他应收款坏账准备的账务处理。其他应收款坏账准备的账务处理同应收账款。

（四）备用金核算

采购员及其他职工出差预支差旅费，回公司后十天内一次结清。

物业管理部经财务部核定，领取定额备用金 2 000 元，由专人负责保管、报销。

（五）材料核算

公司材料主要系物业管理日常维护所需材料及房屋装潢建筑材料。由于批量较小，批次较少，故按实际成本进行日常核算。材料发出按先进先出法确定单价，发出成本于期末结转。

每年 11 月末对材料进行清查，根据盘点结果编制盘盈盘亏报告单，报经分管经理审批后按规定处理。

（六）对外长期股权投资核算

公司对其他单位的投资占该单位有表决权资本总额 20%或 20%以上 50%以下，或虽投资总额不足 20%但有重大影响，应采用权益法核算；投资额占被投资企业有表决权资本 50%以上的采用成本法核算，并合并会计报表。

（七）固定资产核算

1. 公司生产经营用固定资产必须同时满足单位价值 2 000 元以上、使用年限 1 年以上两个条件；非生产经营用固定资产必须同时满足单位价值 2 000 元以上、使用年限 2 年以上两个条件。

2. 对固定资产按平均年限法分类计提折旧，净残值率均为 5%。折旧方法和净残值率与税法规定一致。各类固定资产预计使用年限如下：

房屋及建筑物	35 年
通用设备	5 年
管理设备	10 年
运输工具	5 年

3. 固定资产增加必须填制验收单，并办理有关手续。

4. 固定资产清理应由行政管理部提出报告，经技术部门鉴定后，报经分管经理审批后处理。

5. 固定资产在使用过程中发生的更新改造支出和修理费用等后续支出，符合固定资产确认条件的，计入固定资产成本，同时将被替换部分的账面价值扣除；不符合固定资产确认条件的，计入当期损益。对发生的自用办公用房装修费支出，由于金额较大，收益时间较长，可以计入固定资产成本，并自竣工验收次月起按5年分月平均分摊。

6. 财产保险费率为固定资产原价(扣除车辆原价)的3.7‰(年)，按季预付，分月摊销。机动车辆单独保险，按年预付，分月摊销。

7. 每年12月初对固定资产进行清查，根据盘点结果编制盘盈盘亏报告单，报经分管经理审批后按规定处理。

8. 融资租入固定资产视同自有固定资产核算，自交付使用次月起计提折旧。

(八) 投资性房地产核算

投资性房地产是指为赚取租金或资本增值，或两者兼有而持有的房地产，包括已出租的土地使用权、持有并准备增值后转让的土地使用权、已出租的建筑物。

1. 拥有产权的已出租的房屋按取得成本进行初始计量。

2. 采用成本模式对投资性房地产进行后续计量，并于每月月末对投资性房地产按年限平均法计提折旧或摊销。

3. 投资性房地产的折旧或摊销金额根据投资性房地产的预计使用寿命与净残值率计算，具体列示如下：

投资性房地产项目	预计使用寿命	预计净残值率
出租房屋	35年	4%

4. 投资性房地产的改扩建或装修等后续支出，符合投资性房地产确认条件的，计入投资性房地产成本；否则，在后续支出发生时计入当期损益。对发生的出租房屋装修费支出，由于金额较大，收益时间较长，可以计入投资性房地产的成本，并自竣工验收次月起按5年分月平均分摊。

5. 投资性房地产的出租、处置作为经营活动中的主营业务进行会计处理。

(九) 无形资产摊销

无形资产有法定年限按法定有效年限分月平均摊销。场地使用权自取得使用权当月起按取得使用权年限分月摊销。

(十) 与工资有关的各项经费、保险基金的计提(均指企业负担的部分)

项　目	计提基数	计提比例
工会经费	本月工资总额	2%
教育经费	本月工资总额	1.5%
养老保险费	上年月平均工资总额	20%
住房公积金	上年月平均工资总额	7%
医疗保险费	上年月平均工资总额	9.5%
失业保险费	上年月平均工资总额	0.5%
生育保险费	上年月平均工资总额	1%
工伤保险费	上年月平均工资总额	0.5%

(十一) 商品房房屋修缮基金的核算

房屋修缮基金是新建商品房保修期后房屋共用部位和共用设备的养护、维修和更新的资金来源，由业主管理委员会委托物业管理单位管理，专款专用，不得挪作他用。首期修缮基金的交纳标准为：

1. 公司应于商品房交付使用前，一次性按不配备电梯房屋的建筑面积成本价的3%，或按配备电梯房屋建筑面积成本价的4%，计提和交纳房屋修缮基金。其账务处理如下：

计提时：

借：开发成本——××开发项目(建安工程费)

　贷：其他应付款——房屋修缮基金

此处的建筑面积成本价是指交付使用的商品房的建筑面积×本市规定的单位建筑面积成本价(目前由市房地资源局和市物价部门核定为1 300元/平方米)。

2. 公司应于售房时，向购房人按不配备电梯房屋建筑面积成本价的2%，或按配备电梯房屋建筑面积成本价的3%，收取首期房屋修缮基金。其账务处理如下：

借：库存现金(或银行存款)

　贷：其他应付款——房屋修缮基金

(十二) 公司主营业务会计处理流程图

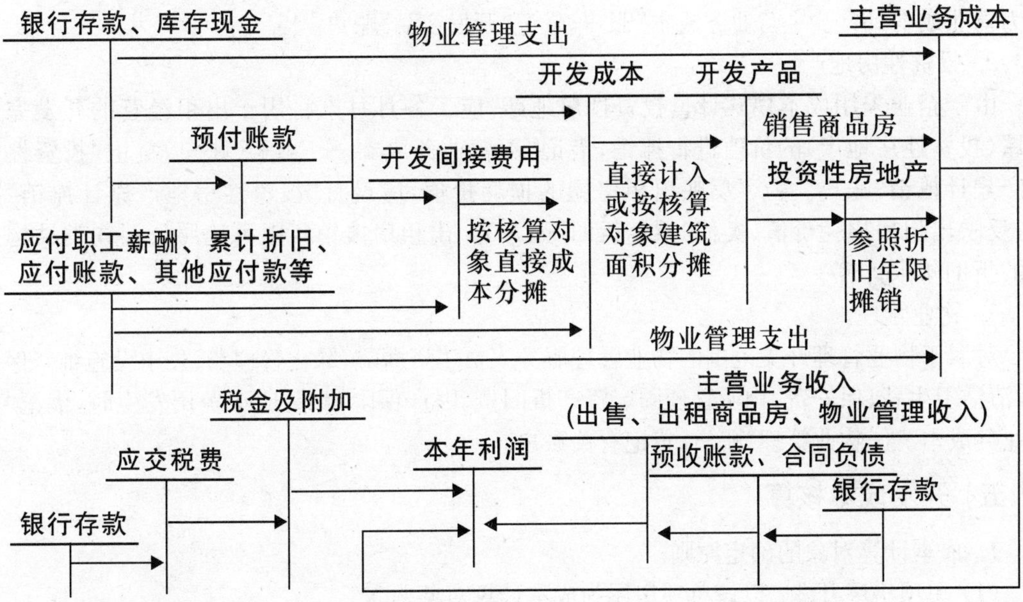

(十三) 营业收入核算

1. 营业收入的划分

公司经营业务划分为主营业务和其他业务。

主营业务为商品房开发销售、出租和物业管理。

其他业务为装潢建材销售。

2. 收入实现的确认

收入确认的基本条件：

企业应当在履行了合同中的履约义务，即在客户取得相关商品控制权时确认收入。取得相关商品控制权，是指能够主导该商品的使用并从中获得几乎全部的经济利益。

具体确认方式如下：

（1）商品房销售收入，应在商品房移交，将发票结算账单提交买方并签订商品房销售合同时，确认销售收入实现。

（2）房屋出租收入（投资性房地产租金收入）、物业管理收入，应在业务项目完成，并收到价款或取得索取价款的权利时，确认营业收入实现。为了有利于分期报告会计信息，投资性房地产租金收入、物业管理收入应于合同租赁期或服务期内各月末分月确认收入。

（3）装潢建材的销售收入，应在商品发出，并收到货款或取得索取货款的权利时，确认销售收入实现。

3. “合同负债”及“预收账款”账户的运用

为了便于结算预缴税款，要求收到购房款、定金、物业管理费时，一律先通过“合同负债”账户核算；收到租金时，一律先通过“预收账款”账户核算，再将实现的收入结转至“主营业务收入”账户。

（十四）营业成本核算

1. 销售商品房。

应于各月月末将该月已销商品房的成本（单位建筑面积开发成本×已销建筑面积）一次结转为营业成本，借记“主营业务成本”账户，贷记“开发产品”账户。

2. 投资性房地产。

由于企业采用成本模式计量投资性房地产，应于各月月末将用于出租经营的开发完成房屋（投资性房地产）的价值进行摊销，借记“主营业务成本——出租”账户，贷记“投资性房地产累计摊销”账户。为了反映出租房屋的损耗价值，应设置“投资性房地产累计摊销”账户，反映出租房损耗价值（类似“累计折旧”账户）。出租房摊销年限可比照公司同类结构房屋的折旧年限计算。

3. 物业管理。

对属于物业管理开支范围的物业管理服务人员工资薪酬、绿化管理费、公用设施维修保养费、清洁卫生费、保安费、物业管理固定资产折旧费、财产保险费等，应于费用发生时，借记“主营业务成本——物业管理”账户，贷记有关账户。

（十五）开发成本核算

1. 成本计算对象的确定原则。

（1）单项房屋开发：以该单项房屋为成本计算对象。

（2）成片房屋开发：以结构类型和层高相近，开工期相同，且为同一施工单位总包的群体工程为成本计算对象。

2. 开发成本项目及核算内容。

（1）“土地转让及拆迁补偿费”项目：指房屋开发中征用土地所发生的土地征用费、耕地占用税、有关地面原有建筑物拆迁补偿费，或通过批租、房地产交易取得土地使用权的成本。

（2）“前期工程费”项目：指取得土地开发权之后，项目开发前期的规划、设计、水文地质勘察、测绘、场地平整等费用。

（3）“基础设施费”项目：指房屋开发中建筑主体之外的各项基础设施所发生的支出，包括道路、供水、供电、供气、通讯、绿化、雨（污）水排放、防洪等设施的工程支出。

（4）“建筑安装工程费（建安工程费）”项目：指列入房屋开发项目建筑安装工程施工预算

内的各项直接成本支出。其包括基础处理、土方、护壁、桩基工程费等基础工程费；地下室及土建结构工程费；建筑主体工程内的给排水、电气照明、暖气、煤气等管线铺设工程费；建筑主体工程内的空调、电梯、消防设施等设备安装费；内外墙、门窗等装修费；计提房屋修缮基金等。

(5)“公共配套设施费”项目：指不能有偿转让而应计入房屋开发成本的非经营性公共配套设施的建造成本，如托儿所、幼儿园、车库、自行车棚、垃圾库房等工程支出。

(6)“开发管理费”项目：指公司现场管理机构——工程部及开发现场为开发房地产而发生的各项管理费用，包括现场管理机构人员工资薪酬、折旧费、财产保险费、劳动保护费、办公费、差旅费、动迁用房租赁费、工程监理费和审价费等。

为了准确计算开发成本，能确认为某一开发项目单独发生的管理费用，如特定工程的监理费、审价费等，应直接记入开发成本的“开发管理费”项目。对于难以确认为某一开发项目单独发生的管理费用，如工程部人员的工资薪酬、折旧费、差旅费以及安置拆迁居民用房租赁费等，先通过“开发间接费用”一级账户归集，然后按各开发项目直接成本的比例，分配计入各开发项目的开发成本。直接成本是指开发间接费用分配前各开发项目本月发生的开发成本。

3. 出包开发工程的核算

公司房产开发项目基础设施和建筑安装等工程的施工，均采用出包方式。

发生预付工程进度款和备料款，先通过“预付账款”账户核算，待工程价款结算并收到发票时，再转入“开发成本”账户。若支付工程款项当即收到发票，可直接记入“开发成本”账户。

(十六) 各部门费用列支渠道

1. 工程部系公司设立的现场管理机构，实行内部独立核算。其在开发现场组织管理房地产开发而发生的各项间接费用，如工资薪酬、折旧费、修理费、财产保险费、劳动保护费、办公费、差旅费等，先记入“开发间接费用”账户归集，然后分配计入各开发项目的开发成本。

2. 物业管理部对公司部分已销商品房——爱信小区提供管理与服务。该部门也实行内部独立核算，其发生的成本费用，如工资薪酬、物业管理固定资产折旧费、财产保险费、劳动保护费、公用设施维修保养费、绿化管理费、保安费、清洁卫生费等，记入“主营业务成本——物业管理”账户，实现的收入记入“主营业务收入——物业管理”账户，以便合理配比。

3. 行政及其他管理部门为组织、管理公司开发经营活动而发生的有关费用，记入“管理费用”账户。

为简化核算，公司办公楼所发生的水电费、电话通讯费、物业管理费等不再划分部门列支，均计入管理费用。

(十七) 所得税费用的处理

所得税会计采用资产负债表债务法。比较有关资产和负债的账面价值与计税基础，确定应纳税暂时性差异和可抵扣暂时性差异；除会计准则规定的特殊情况外，根据会计要素的定义确认递延所得税负债和递延所得税资产；根据递延所得税负债和递延所得税资产的本期增减变化，确定递延所得税；根据适用的税法规定计算当期应纳税所得额和应交所得税，确定当期所得税；根据当期所得税和递延所得税，确定利润表中的所得税费用。

(十八) 利润分配的核算

1. 年末根据净利润的10%提取法定盈余公积。

2. 对于资产负债表日后财务报告批准对外报出之前董事会作出的提请股东大会批准的利润分配预案，在财务报告中以报表附注的形式予以披露，不进行会计处理。

3. 对于提取任意盈余公积和分派现金股利，根据股东大会决议进行会计处理。

4. 对于分派股票股利(俗称送红利股)，根据股东大会决议在办妥增资手续并实施送红利股时进行会计处理。

(十九) 现金等价物确认条件

同时具备持有期限短、流动性强、易于转换为已知金额现金、价值变动风险很小的投资，确认为现金等价物(该企业无现金等价物)。

(二十) 借款利息费用的核算

1. 为购建或生产需经过相当长时间才能达到预定可销售状态的存货、可使用状态的投资性房地产和固定资产而发生的专门借款的利息，在同时满足以下三个条件时，开始资本化：① 资产支出已经发生；② 借款费用已经发生；③ 为使资产达到预定可使用或可销售状态所必要的购建或生产活动已经开始。当所购建或生产的资产达到预定可使用或可销售状态时，停止借款费用资本化。

2. 按月计算借款利息资本化的金额。在符合借款费用资本化条件的期间内，对于专门借款，将其当月实际发生的利息费用减去将尚未动用的该借款资金存入银行取得的利息收入或进行暂时性投资取得的投资收益后的金额，确定为予以资本化的利息金额；对于所占用的一般借款，应根据累计资产支出超过专门借款部分的资产支出加权平均数乘以该一般借款的资本化率，计算确定为予以资本化的利息金额。当同时占用 2 笔及以上一般借款时，其资本化率根据一般借款加权平均利率计算确定。

3. 不符合借款费用资本化条件的借款利息均计入发生当期的财务费用。

4. 为开发房地产商品房而借入的借款所发生的借款费用，在开发商品房完工之前，计入开发成本；在开发商品房完工之后，计入当期损益。

(二十一) 资产减值的会计处理

企业应当在资产负债表日判断资产是否存在可能发生减值的迹象。资产存在减值迹象的，应当进行减值测试，估计资产的可收回金额，当资产的可收回金额低于其账面价值时，应当将资产的账面价值减记至可收回金额，减记的金额确认为资产减值损失，计入当期损益，同时计提相应的资产减值准备。

例：　借：信用减值损失
　　　　　资产减值损失
　　　　贷：坏账准备
　　　　　　存货跌价准备
　　　　　　长期股权投资减值准备
　　　　　　无形资产减值准备
　　　　　　固定资产减值准备
　　　　　　投资性房地产减值准备等

(二十二) 企业合并的处理

1. 同一控制下企业合并。

合并方在企业合并中取得的资产和负债，按照合并日在被合并方的账面价值计量。在合并中取得的净资产账面价值与支付的合并对价账面价值（或发行股份面值总额）的差额，调整资本公积，资本公积不足冲减的，调整留存收益。

为进行企业合并而发生的各项直接相关费用，包括为进行企业合并而支付的审计费用、评估费用、法律服务费等，于发生时计入当期损益。企业合并中发行权益性证券发生的手续费、佣金等，抵减权益性证券溢价收入，溢价收入不足冲减的，冲减留存收益。

2. 非同一控制下的企业合并。

合并成本为本公司在购买日为取得对被购买方的控制权而付出的资产、发生或承担的负债以及发行的权益性证券的公允价值。

为企业合并发生的审计、法律服务、评估咨询等中介费用以及其他相关管理费用，于发生时计入当期损益；本公司作为合并对价发行的权益性证券或债务性证券的交易费用，计入权益性证券或债务性证券的初始确认金额。

在购买日应当对合并成本进行分配，按照规定确认所取得的被购买方各项可辨认资产、负债及或有负债。对合并成本大于合并中取得的被购买方可辨认净资产公允价值份额的差额，确认为商誉；对合并成本小于合并中取得的被购买方可辨认净资产公允价值份额的差额，则对取得的被购买方各项可辨认资产、负债及或有负债的公允价值以及合并成本的计量进行复核；经复核后合并成本仍小于合并中取得的被购买方可辨认净资产公允价值份额的，其差额计入当期损益。

(二十三) 合并财务报表的编制

1. 合并财务报表的合并范围以控制为基础确定，母公司控制的所有子公司均纳入合并财务报表。

2. 所有纳入合并财务报表合并范围的子公司所采用的会计政策、会计期间与母公司一致，如子公司采用的会计政策、会计期间与母公司不一致的，在编制合并财务报表时，按母公司的会计政策、会计期间进行必要的调整。

3. 合并财务报表以母公司及子公司的财务报表为基础，根据其他有关资料，由母公司编制。编制合并财务报表之前，先以合并日公允价值为计量基础调整子公司个别财务报表，然后按照权益法对母公司个别财务报表进行调整。

4. 编制合并财务报表时抵销母公司与各子公司、各子公司相互之间发生的内部交易对合并资产负债表、合并利润表、合并现金流量表、合并所有者权益变动表的影响。

5. 编制合并财务报表时，对个别财务报表进行调整以及对内部交易进行抵销而影响损益的事项，均不调整盈余公积的提取。

6. 内部交易未实现损益及其所得税影响全额抵销。将合并净利润在母公司所有者与少数股东之间分拆时，对于逆流内部交易，少数股东需按持股比例分担内部交易未实现损益净额（应分担内部交易未实现损益扣除所得税影响后的净额），编制调整分录（同时调整少数股东损益与少数股东权益)。从合并净利润中扣除调整后少数股东损益的余额,为归属于母公司所有者的净利润。

(二十四) 按揭贷款会计处理流程图及有关合同

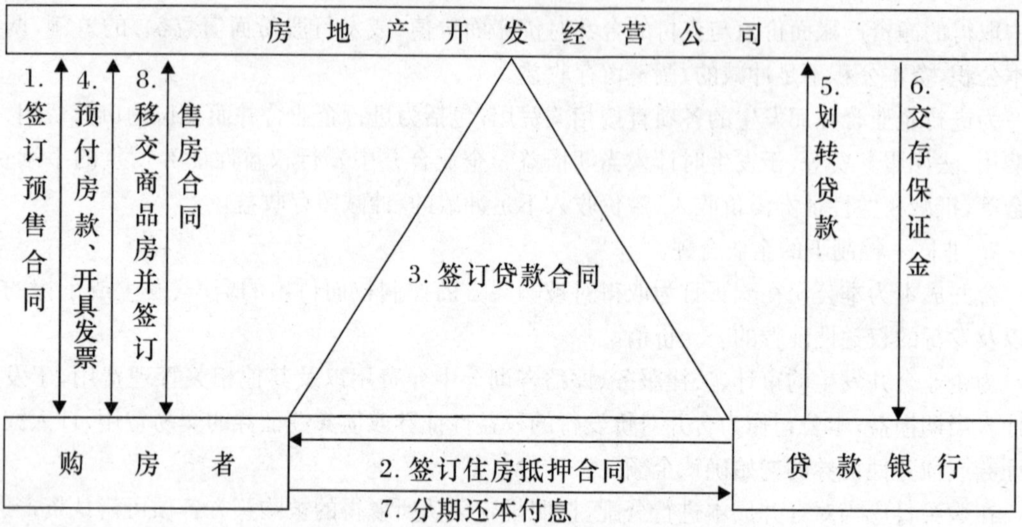

步骤4、5,公司作会计分录如下:

借:银行存款——基本存款户或一般存款户

贷:合同负债——预收房款——购房者

应交税费——应交增值税(销项税额)

步骤6,公司作会计分录如下:

借:银行存款——保证金户

贷:银行存款——基本存款户或一般存款户

步骤8,公司作会计分录如下:

借:合同负债——预收房款——购房者

贷:主营业务收入——商品房销售

说明:(1) 按揭售房贷款的种类包括公积金贷款、个人住房商业性贷款、组合贷款等。若购房者申请取得贷款涉及个人住房商业性贷款,房产开发商作为借款合同保证人,被要求按售房价款的一定比例提取保证金,交存其在建设银行开立的"担保保证金专户"。银行视购房人归还贷款情况,与房产开发商结算划转。

(2) 客户在预付房款后,房地产开发商向客户开具增值税普通发票。房地产开发商向客户移交商品房后,若客户为增值税一般纳税人,可要求房地产开发商开具全额增值税专用发票,同时开具增值税红字普通发票。

(3) 为让实习者熟悉实务,特附下列有关合同文本:内销商品房预售合同、内销商品房出售合同、职工购房借款合同、个人住房商业性借款合同。由于篇幅关系,以后有关经济业务不再列示上述合同。

上海市商品房预售合同

甲方(卖方):立信股份有限公司
住所:上海市零陵路583号　邮编:200085
营业执照号码:3101081030959
资质证书号码:沪房地资(徐汇)181号
法定代表人:李顺达　联系电话:43966000
委托代理人:＿＿＿＿　联系电话:＿＿＿＿

乙方(买方):王霞芳
国籍:中国　居住(注册)所在省市:上海
个人/公司:个人　性别:女　出生年月日:1950－05－05
住所(址):惠民路424弄14号　邮编:200093
证件名称:身份证　号码:301110195005050505
联系电话:13513513513
委托/法定代理人:＿＿＿＿　联系电话:＿＿＿＿
住所(址):＿＿＿＿

甲、乙双方在平等、自愿、协商一致的基础上,就乙方购买甲方预售的《众信大厦》商品房事宜,订立本合同。

第一条　甲方通过土地使用权出让方式取得徐汇区/县0500702214001002地块土地使用权,并依法进行了土地使用权登记取得房地产权证,证书号为:徐2008080808土地面积为14000,土地用途为:居住。

甲方经批准,在该地块上投资建造《众信大厦B楼》(暂定名/现定名)商品房,主体建筑物的建筑结构为钢混结构;建筑物地上层数为28层,地下层数为1层。上述商品房已具备《上海市房地产转让办法》规定的预售条件,徐汇区房屋土地管理局已批准上市预售[预售许可证编号:徐汇房管(2009)预字0001009号]。

第二条　乙方向甲方购买中山南二路路666号《众信大厦B楼》三层305室(以下简称该房屋),政府批准的规划用途为居住。

据甲方暂测该房屋建筑面积为100平方米,其中套内建筑面积为73.81平方米、公用分摊建筑面积为26.19平方米,另有地下附属面积0平方米(价格详见补充条款)。该房屋建筑层高为2.8米。

该房屋建筑设计及平面图见本合同附件二;该房屋建筑结构、装修及设备标准见本合同附件三;该房屋相关情况说明(抵押关系、租赁关系)见本合同附件四,(相邻关系及小区平面布局)见本合同附件六;该房屋《前期物业管理服务合同》、《使用公约》或有关承诺书见本合同附件五。

第三条　乙方购买该房屋，每平方米房屋建筑面积单价（不包含房屋全装修价格）为人民币 ¥4550 元。（大写）：肆仟伍佰伍拾元整。

根据甲方暂测的房屋建筑面积，乙方购买该房屋的总房价款（不包含房屋全装修价格）暂定为人民币 ¥455 000.00 元。（大写）：肆拾伍万伍仟元整。

该房屋全装修总价为人民币 / 元。（大写）： / 。

第四条　乙方购买该房屋的总房价款（含附件三中装修、设备价格）是指该房屋和相应比例的土地使用权的总价格。本合同约定的总房价款除该房屋建筑面积的暂测与实测不一致的原因外，不再作变动。

第五条　在该房屋交付时，房屋建筑面积以上海市房屋土地资源管理局认定的测绘机构实测面积为准，如甲方暂测面积与实测面积不一致时，除法律、法规、规章另有规定外按下列约定处理：

1. 按该房屋每平方米建筑面积单价计算多退少补；

2. 甲方同意当暂测面积与实测面积的误差超过＋ 3.00 %（包括 3.00 %），不向乙方收取超过部分的房价款；甲方同意当暂测面积与实测面积的误差超过－ 3.00 %（包括－ 3.00 %），乙方有权单方面解除本合同。乙方行使单方解除权时，必须在双方签署《房屋交接书》之时或之前提出，否则视为放弃该项权利。

第六条　签订本合同时，该房屋建设工程建设到 取得房屋预售许可证 。乙方应当按本合同约定时间如期足额将房价款解入甲方的预售款监管账户（预售款监管机：中国建设银行徐汇支行、账户名称 立信股份有限公司、账号：055122－00239022110）。预售款按政府规定监管使用。

乙方的付款方式和付款期限由甲乙双方在附件一中约定明确。

第七条　乙方若未按本合同约定的时间付款，应当向甲方支付违约金，违约金按逾期未付款额的日万分之 一 计算，违约金自本合同的应付款期限之第二天起算至实际付款之日止，逾期超过 30 天后，甲方有权选择下列第 壹 种方案追究乙方责任：

壹、甲方有权单方面解除本合同，乙方应当承担赔偿责任。赔偿金额为总房价款的 0.50 %，甲方有权在乙方已支付的房价款中扣除乙方应支付的赔偿金额，剩余房款退还给乙方。如乙方已支付的房价款不足赔偿的，甲方有权追索。

甲方如行使解除合同权的，应当书面通知乙方。

贰、＿＿＿＿＿＿＿＿

第八条　签订本合同后，甲方不得擅自变更该房屋的建筑设计（见附件二），确需变更的应当征得乙方书面同意并报规划管理部门审核批准，在获得批准之日起 30 天内与乙方签订本合同变更协议。

甲方未征得乙方同意擅自变更该房屋的建筑设计，乙方有权单方面解除本合同。

第九条　甲方不得擅自变更已经与乙方约定的小区平面布局（见附件六），确需变更的应当征得乙方书面同意。

甲方未征得乙方同意变更小区的平面布局，乙方有权要求甲方恢复，如不能恢复的，甲方应当向乙方支付总房价款的 0.50% 违约金。

第十条　该房屋的交付必须符合下列第 贰 种方案所列条件：

壹、办理了房地产初始登记手续，取得新建商品房房地产权证（大产证）；甲方对该房屋设定的抵押已注销;甲方已按规定缴纳了物业维修基金。

贰、取得了《住宅交付使用许可证》;甲方对该房屋设定的抵押已注销;甲方已按规定缴纳了物业维修基金;甲方承诺在2019年10月31日前办理房地产初始登记手续,取得新建商品房房地产权证(大产证),如到时不能取得商品房房地产权证(大产证),乙方有权单方面解除本合同。

叁、____。

第十一条　甲方定于2019年10月31日前将该房屋交付给乙方,除不可抗力外。

第十二条　甲方如未在本合同第十一条约定期限内将该房屋交付乙方,应当向乙方支付违约金,违约金按乙方已支付的房价款日万分之__1.00__计算,违约金自本合同第十一条约定的最后交付期限之第二天起算至实际交付之日止。逾期超过__60__天,乙方有权选择下列第__壹__种方案追究甲方责任:

壹、乙方有权单方面解除本合同。

贰、____

第十三条　该房屋符合本合同第十条约定的交付条件后,甲方应在交付之日前__3__天书面通知乙方办理交付该房屋的手续,乙方应在收到该通知之日起__6__天内,会同甲方对该房屋进行验收交接。房屋交付的标志为__交钥匙__。

在验收交接时,甲方应出示符合本合同第十条约定的房屋交付条件的证明文件,因该房屋用途为__住宅__用房,甲方应向乙方提供《__新建商品房__质量保证书》和《__新建商品房__使用说明书》。同时,甲方应当根据乙方要求提供实测面积的有关资料。

甲方如不出示和不提供前款规定的材料,乙方有权拒绝接受该房屋,由此而产生的延期交房的责任由甲方承担。

第十四条　在甲方办理了新建商品房房地产初始登记手续、取得了房地产权证(大产证)后__30__日内,由甲、乙双方签署本合同规定的《房屋交接书》。《房屋交接书》作为办理该房屋过户手续的必备文件。

甲、乙双方在签署《房屋交接书》之日起__45__天内,由双方依法向__徐汇区房地产__交易中心办理价格申报、过户申请手续、申领该房屋的房地产权证(小产证)。

第十五条　该房屋的风险责任自该房屋交付之日起由甲方转移给乙方。如乙方未按约定的日期办理该房屋的验收交接手续,甲方应当发出书面催告书一次。乙方未按催告书规定的日期办理该房屋的验收交接手续的,则自催告书约定的验收交接日之第二日起该房屋的风险责任转移由乙方承担。

第十六条　甲方保证在向乙方交付该房屋时该房屋没有甲方设定的抵押权,也不存在其他产权纠纷和财务纠纷。如房屋交付后出现与甲方保证不相一致的情况,由甲方承担全部责任。

第十七条　甲方交付的该房屋系验收合格的房屋。如该房屋的装修、设备标准达不到本合同附件三约定的标准,乙方有权要求甲方按实际的装修、设备与约定的装修、设备差价__1.00__倍给予补偿。如主体结构不符合本合同附件三约定的标准,乙方有权单方面解除本合同。

双方商定对标准的认定产生争议时,委托本市有资质的建设工程质量检测机构检测,并以该机构出具的书面鉴定意见为处理争议的依据。

第十八条　该房屋交付后，乙方认为主体结构不合格的，可以委托本市有资质的建筑工程质量检测机构检测。经核验，确属主体结构质量不合格的，乙方有权单方面解除本合同。

第十九条　乙方行使本合同条款中约定的单方面解除本合同权利时，应书面通知甲方，甲方应当在收到乙方的书面通知起＿60＿天内将乙方已支付的房价款（包括利息，利息按中国人民银行公布的同期存款利率计算）全部退还乙方，并承担赔偿责任，赔偿金额为总房价款的＿0.50＿%，在退还房价款时一并支付给乙方。

前款及本合同其他条款所称已支付的房价款，是包括乙方直接支付的和通过贷款方式支付的房价款。

第二十条　按本合同约定，甲、乙双方单方解除合同的，在单方解除合同以前，对方已按合同约定支付违约金的，支付的违约金金额应在按本合同约定的赔偿金额中扣除。

第二十一条　甲方或乙方对相对方行使单方面解除本合同有异议的，应在接到对方有关单方面解除本合同的书面通知之日起＿30＿天内，向按第三十三条选定的解决争议机关确认解除合同的效力。

第二十二条　甲方交付该房屋有其他工程质量问题的，乙方在保修期内有权要求甲方除免费修复外，还须按照修复费的＿0.10＿倍给予补偿。

双方商定对该房屋其他工程质量问题有争议的，委托本市有资质的建设工程质量检测机构检测，并以该机构出具的书面鉴定意见为处理争议的依据。

第二十三条　自该房屋验收交接之日起，甲方对该房屋负责保修。保修范围和保修期由甲乙双方参照国务院发布的《建筑工程质量管理条例》及《上海市房地产转让办法》规定在本合同附件五中约定。

第二十四条　甲方已选聘＿立信＿物业公司对该房屋进行前期物业管理，并与其签订了《前期物业管理服务合同》（见附件五）。因该房屋规划用途为＿住宅＿用房，甲、乙双方已签订了《＿临时＿使用公约》（见附件五）。

第二十五条　乙方购买的房屋及其相应占有的土地使用权不可分离。自该房屋的房地产权利转移之日起，甲方与上海市徐汇区房屋土地管理局签订的土地使用权＿出让＿合同中约定的权利、义务和责任转移给乙方。

第二十六条　本合同项下乙方享有的权益（房屋期权），乙方可以依法转让、抵押。乙方依法行使上述权利时，甲方应予协助。

第二十七条　本合同一方按照本合同约定向另一方送达的任何文件、回复及其他任何联系，必须用书面形式，且采用挂号邮寄或直接送达的方式，送达本合同所列另一方的地址或另一方以本条所述方式通知更改后的地址。如以挂号邮寄的方式，在投邮后（以寄出的邮戳为准）第＿3＿日将被视为已送达另一方，如以直接送达的方式送达，则于另一方签收时视为已送达。

第二十八条　该房屋买卖过程中所发生的税费按有关规定由甲、乙双方各自承担。

第二十九条　本合同的补充条款、附件及补充协议均为本合同不可分割的部分。本合同补充条款、补充协议与正文条款不相一致的，以补充条款、补充协议为准。

本合同的未尽事宜及本合同在履行过程中需变更的事宜，双方应通过订立变更协议进行约定。

第三十条　甲、乙双方在签署本合同时，对各自的权利和义务清楚明白，并愿按本合同约定严格履行，如一方违反本合同，另一方有权按本合同约定要求索赔。

第三十一条　本合同自双方签字／盖章公证处公证之日起生效。双方商定本合同生效之日起__30__日内，由甲乙双方共同向房地产登记机构办理预告登记。其中一方逾期不配合办理预告登记的，另一方有权单方办理预告登记。

第三十二条　本合同登记备案后，如发生协议解除本合同的事实时，在事实发生之日起30天内双方持解除合同的书面文件到__徐汇区__房地产登记机构办理注销本合同登记备案的手续。

甲方或乙方依据本合同有关条款的约定单方解除本合同的，甲方或乙方应凭单方面解除合同的书面通知的送达凭据单方面到房地产登记机构办理注销本合同登记备案的手续。

第三十三条　甲、乙双方在履行本合同过程中发生争议，应协商解决。协商不能解决的，选定下列第__贰__种方式解决：(不选定的划除)

壹、向__／__仲裁委员会申请仲裁；

贰、依法向人民法院起诉。

第三十四条　本合同壹式__4__份，均具有同等效力。其中甲、乙双方各执__1__份，房地产交易中心、__财税局__、__／__各执壹份。

甲方(名称)：立信股份有限公司

法定代表人签署：李顺达

法定代表人的
委托代理人签署：

甲方盖章：

日期：2018 年 12 月 20 日

乙方(名称或名字)：王霞芳

乙方本人签署：王霞芳

________的委托代理人/
法定代理人签署：

乙方盖章：王霞芳

日期：2018 年 12 月 20 日

甲方拟签人员：许继

甲方确认人员：方勇刚

销售员证书号：310505151510476

销售员证书号：310505151510487

上海市商品房出售合同

甲方(卖方)：立信股份有限公司

住所：上海市零陵路583号　邮编：200085

营业执照号码：3101081030959

资质证书号码：沪房地资(徐汇)181号

法定代表人：李顺达　联系电话：43966000

委托代理人：＿＿＿＿　联系电话：＿＿＿＿

乙方(买方)：江华会计师事务所

国籍：中国　居住(注册)所在省市：上海

个人/公司：公司　性别：＿＿＿＿　出生年月日：＿＿＿＿

住所(址)：徐家汇路888弄2号　邮编：200085

证件名称：＿＿＿＿　号码：＿＿＿＿

联系电话：46552222

委托/法定代理人：马逸华　联系电话：13556455444

住所(址)：＿＿＿＿

甲、乙双方在平等、自愿、协商一致的基础上,就乙方购买甲方出售的《众信大厦》商品房事宜,订立本合同。

第一条　甲方依法取得徐汇区/县0500702214001002地块土地使用权[出让合同编号：沪房地(1998)出让合同第99号],投资建造的《众信大厦》商品房已竣工,并办理了新建商品房初始登记,取得了房地产权证(大产证)证书号：徐2008080808。

第二条　乙方向甲方购买中山南二路666号《众信大厦》A楼十八层1801至1808室(以下简称该房屋)。据上海市房屋土地资源管理局认定的徐汇区房屋土地测绘中心测绘机构测量该房屋建筑面积为800平方米,其中套内建筑面积为590.48平方米、公用分摊建筑面积为209.52平方米,另有地下附属面积0平方米(价格详见补充条款)。该房屋建筑层高为3米。

该房屋平面图见本合同附件二;该房屋建筑结构、装修及设备标准见本合同附件三;该房屋相关情况(抵押关系、租赁关系)见本合同附件四,(相邻关系及小区平面图)见本合同附件六;该房屋的使用公约见本合同附件五。

第三条　乙方购买该房屋每平方米房屋建筑面积单价(不包含房屋全装修价格)为人民币￥4550.00元。(大写)：肆仟伍佰伍拾元整。

根据该房屋的房屋建筑面积,乙方购买该房屋的总房价款(不包含房屋全装修价格)为人民币￥3640000元。(大写)：叁佰陆拾肆万元整。

该房屋全装修总价为人民币/元。(大写)：/。

该房屋的总房价款是指该房屋所有权和该房屋占用范围内土地使用权总价格。

第四条　乙方应按本合同约定的付款方式和付款期限将房价款解入甲方的账户/监管账户（金融机构/监管机构：＿中国建设银行上海市徐汇支行＿、账户名称：＿立信股份有限公司＿、账号：＿055122－0023902211０＿）。

乙方的付款时间和付款方式由甲、乙双方在本合同附件一中约定明确。

甲方收到乙方支付的每一笔房款时均应开具发票。

第五条　乙方如未按合同约定的时间付款，应当向甲方支付违约金，违约金按逾期未付款的日万分之＿5.00＿计算，违约金自本合同的应付款期限之第二天起算至实际付款之日止。逾期超过＿30＿天，甲方有权选择下列第＿一＿种方案追究乙方责任：

一、甲方有权单方面解除本合同。

二、＿＿＿/＿＿＿。

第六条　乙方支付房价款若采用银行贷款付款的，而银行未按本合同约定的期限代乙方向甲方付款的，仍视为乙方未按合同约定的时间付款，但因甲方原因的除外。

第七条　甲、乙双方按下列第＿三＿种约定确定该房屋交付使用日期：

一、本合同自甲、乙双方签署之日起＿＿天内，甲方向乙方交付该房屋。

二、本合同经＿＿公证处公证之日起＿＿天内，甲方向乙方交付该房屋。

三、甲方在收到乙方全部房价款之日起7天内，甲方向乙方交付该房屋。

四、＿＿＿＿＿＿＿＿＿＿＿＿＿＿＿＿＿＿＿＿＿＿＿＿

第八条　甲方向乙方保证在交付该房屋时：

（一）该房屋没有产权纠纷和财务纠纷；

（二）甲方未设定抵押权或已清除原由甲方设定的抵押权；

（三）已缴纳了甲方应缴纳的房屋维修基金。

如交付房屋后发生与甲方保证不相一致的情况，由甲方承担相应违约责任。

第九条　乙方应在本合同第七条约定的房屋交接期限内到甲方要求的地点办理验收交接手续。该房屋交付的标志为签署住宅交付使用协议。该房屋交付之日起，该房屋的风险责任由甲方转移给乙方。

该房屋为办公用房，甲方应向乙方提供《新建住宅质量保证书》和《新建住宅使用说明书》《前期物业管理服务合同》/《业主临时公约》。乙方要求提供房屋实测面积的有关资料，甲方应如实提供。

甲方不出示和不提供前款约定的材料，乙方有权拒绝接收该房屋，由此而产生的延期交房责任由甲方承担。

第十条　甲方交付的该房屋装修、设备标准达不到本合同附件三约定的标准，乙方在办理该房屋交接手续时有权要求甲方按装修、设备差价＿0＿倍补偿。

双方对标准的认定产生争议时，委托本市有资质的建设工程质量检测机构检测并以该机构出具的书面鉴定意见为处理争议的依据。

第十一条　如乙方已付清全部房价款，除甲方原因外，乙方未按约定期限办理交付该房屋手续的，甲方应当发出书面催告书一次。乙方未按催告书规定的日期办理该房屋的验收交接手续的，则自催告书规定的验收交接日之第二天起，风险责任转移由乙方承担。

如本合同约定的付款时间（附件一）的最后付款日期迟于本合同第七条约定的房屋交付日

期的(即乙方未支付完全部房价款时),除甲方原因外,乙方未按约定期限办理交付该房屋手续的,甲方应当发出书面催告书一次。乙方未按催告书规定的日期办理该房屋的验收交接手续的,甲方有权单方面解除本合同。

第十二条　甲方行使本合同条款中约定的单方面解除本合同权利时,应书面通知乙方。在书面通知发出之日起__30__日内将乙方已支付的房价款扣除乙方应支付的赔偿金额,剩余房价款退还乙方。赔偿金额以总房价款的__5.00__%计算。

第十三条　除不可抗力外,甲方如未在本合同第七条约定的期内将该房屋交付乙方使用,应当向乙方支付违约金,违约金按乙方已支付的房价款日万分之__5__计算,违约金自本合同第七条约定的最后交付期限之第二天起算至实际交付之日止。逾期超过__30__天,乙方有权选择下列第__一__种方案追究甲方责任:

一、乙方有权单方面解除本合同。

二、______/______

第十四条　自该房屋正式交付之时起,甲方对该房屋负责保修,并从房地产权利转移之日起继续保修二年/____年。保修范围由甲、乙双方参照国务院发布的《建设工程质量管理条例》及《上海市房地产转让办法》规定在本合同附件五中约定。

第十五条　该房屋交付后,乙方认为主体结构不合格的,可以委托本市有资质的建设工程质量检测机构检测。经核验,确属主体结构质量不合格的,乙方有权单方解除本合同。

第十六条　甲方交付的该房屋有其他工程质量问题的,乙方在合同约定的保修期内有权要求甲方除免费修复外,还须按修复费的__0__倍给予补偿。

双方商定对该房屋其他工程质量问题有争议的,委托本市有资质的建设工程质量检测机构检测并以该机构出具的书面鉴定意见为处理争议的依据。

第十七条　该房屋买卖所发生的税费按有关规定由甲、乙双方各自承担。

第十八条　乙方同意,因该物业管理区域尚未成立业主委员会,自该房屋交付之日起,即应将该房屋交甲方在《前期物业管理服务合同》中委托的房屋管理企业统一进行管理、并遵守房屋使用公约。甲方委托的房屋管理企业承担该房屋的前期房屋管理,管理的期限至业主委员会成立后选聘的新的房屋管理企业接手管理之日。

第十九条　甲、乙双方商定,2019年01月31日前,由甲乙双方共同向徐汇区房屋土地管理局办理价格申报及过户申请手续,申领该房屋房地产权证(小产证)。因甲方原因,乙方无法在2019年02月28日前取得房地产权证(小产证),甲方应承担违约责任,违约金为总房价款的0%;2019年03月01日之日起的30日内,乙方仍无法取得房地产权证(小产证),则乙方有权单方面解除合同。

甲、乙双方同意,自本合同签订后,甲、乙双方或其中一方均有权向房地产登记机构办理预告登记。

第二十条　乙方行使本合同条款中约定的单方面解除本合同权利时,应书面通知甲方,甲方应当在收到乙方的书面通知之日起__30__天内将乙方已支付的房价款(包括利息,利息按中国人民银行公布的同期存款利率计算,下同)全部退还乙方,并承担赔偿责任,赔偿金额以总房价款的__5__%计算,在退还房价款时一并支付给乙方。

前款及本合同其他条款所称已支付的房价款是包括乙方直接的和通过贷款方式支付的房价款。

第二十一条　按本合同约定,甲、乙双方单方解除本合同的,在单方解除合同以前,对方已按合同约定支付违约金的，支付的违约金金额应在按本合同约定的赔偿金额中扣除。

第二十二条　甲方或乙方对相对方行使单方面解除本合同有异议的，应在接到对方有关单方面解除本合同的书面通知之日起__30__天内，向按第二十七条选定的解决争议机关确认解除合同的效力。

第二十三条　甲方出售的该房屋仅作__商住__使用，乙方在使用期间不得擅自改变该房屋结构和用途。除本合同附件另有约定外，乙方在使用期间有权享用与该房屋有关联的公共通道和设施，同时应自觉遵守该房屋所在地的有关法律、法规和尊重社会公德、维护公共设施和公共利益。

第二十四条　乙方购买的房屋及其相应占有的土地使用权不可分离。自该房屋的房地产权利转移之时起，甲方与__徐汇区房屋土地管理局__签订的土地使用权__转让__合同中约定的权利、义务和责任依法转移给乙方。

第二十五条　本合同的未尽事宜及本合同在履行过程中需变更的事宜，双方将通过订立补充条款、补充协议或变更协议进行约定。

本合同的补充条款、补充协议、变更协议均为本合同不可分割的一部分。本合同补充条款、补充协议、变更协议与正文条款不相一致的，以补充条款、补充协议、变更协议为准。

第二十六条　本合同一方按照本合同约定向另一方送达的任何文件、回复及其他任何联系，必须用书面形式，且采用挂号邮寄或直接送达的方式，送达本合同所列另一方的地址或另一方以本条所述方式通知更改后的地址。

第二十七条　本合同适用中华人民共和国法律。甲、乙双方在履行本合同过程中发生争议，应协商解决。协商不能解决的，选定下列第__二__种方式解决：

1. 向____仲裁委员会申请仲裁；

2. 依法向人民法院起诉。

第二十八条　本合同自双方签署/____公证处公证之日起生效。

第二十九条　本合同壹式__4__份，均具有同等效力。其中甲、乙双方各执__一__份，__交易中心__、__税务部门__各执壹份。

甲方(名称)：立信股份有限公司	乙方(名称或名字)：江华会计师事务所
法定代表人签署：李顺达	乙方本人签署：马俊华
法定代表人的委托代理人签署：	____的委托代理人 法定代理人签署：
甲方盖章：	乙方盖章：
日期：2018 年 12 月 20 日	日期：2018 年 12 月 20 日
甲方拟签人员：许继	销售员证书号：310505151510476
甲方确认人员：方勇刚	销售员证书号：310505151510487

合同编号：公 07 — 543

中国建设银行上海市分行

职工购房借款合同

借　款　人：杨华　　　　　　　　　　　　　　　　电　　话：65110000

住　　　址：南平路 286 号 506 室　　　　　　　　邮政编码：200092

贷 款 银 行：中国建设银行上海市分行房地产信贷部

地　　　址：上海市淮海东路 85 号　　　　　　　　电　　话：63748585

法定代表人：张忠祥

传　　　真：63748585　　　　　　　　　　　　　　邮政编码：200021

保　证　人：立信股份有限公司

地　　　址：零陵路 583 号　　　　　　　　　　　　电　　话：43966000

法定代表人：李顺达

开户金融机构及账号：中国建设银行上海市分行徐汇支行 055122—00239022110

传　　　真：43966010　　　　　　　　　　　　　　邮政编码：200030

借款人即抵押人(以下简称甲方)：杨华

贷款人即抵押权人(以下简称乙方)：中国建设银行上海市分行房地产信贷部

保证人即售房单位(以下简称丙方)：立信股份有限公司

甲方因购买或建造、翻建、大修自有自住住房，根据上海市公积金管理中心和中国建设银行上海市分行制定的《职工住房抵押贷款办法》规定，向乙方申请借款，愿意以所购买或建修的住房作为抵押。乙方经审查同意发放贷款。在抵押住房的房地产权证交乙方收押之前，丙方愿意为甲方提供保证。为明确各自的权利、义务，甲、乙、丙三方遵照有关法律规定，经协商一致，订立本合同，共同遵守执行。

第一条　借款金额

甲方向乙方借款人民币(大写)壹拾万元。

第二条　借款用途

甲方借款用于购买☑、建造□、翻建□、大修□，闵行区(县)街道(镇)莘民路(村)/弄 2 号 401 室住房。

第三条　借款期限

甲方借款期约定为壹拾年。从 2018 年 12 月 2 日至 2028 年 12 月 1 日止。

第四条　贷款利率

贷款年利率为 5.22%(月利率 4.35‰)，在借款期限内利率不变。

第五条　存入自筹资金

甲方应在本合同签订后，在乙方开立活期储蓄存款户或储蓄卡账户，将自筹资金存入备用。如需动用甲方本人、同户成员、非同户配偶和非同户血亲公积金抵充自筹资金的，需提供当事人书面同意的证明，交乙方办理划款手续。甲方已将自筹资金支付给售房单位作首期房款并有收据的可免存。

第六条　贷款拨付

1. 向售房单位购买住房或通过房地产交易市场购买私房的甲方在此不可撤销地授权乙方，在本合同生效的五个营业日内将贷款金额连同存入的自筹资金全数以甲方购房款的名义划入售房单位或房地产交易市场在银行开立的账户。

2. 甲方建造、翻建、大修自住住房的，在本合同生效后自筹资金用完或将要用完时，由乙方主动将贷款资金划入甲方在乙方开立的活期储蓄存款或储蓄卡账户按工程进度支用。

第七条　贷款偿还

1. 贷款本金和利息，采用按月本息均还等额还款方式，由甲方在贷款发生的次月起每月二十日前持职工购房贷款还款单，到建设银行上海市分行所属支行、办事处会计柜台还款□；也可商定采用储蓄卡还款□。

2. 月还款本息额为人民币(大写)零万壹仟零百柒拾壹元肆角零分。

3. 甲方需动用本人、同户成员、非同住配偶和血亲公积金用于偿还贷款本息的可在每年的10月份办理一次，手续与本合同第五条公积金抵充自筹资金相同。

4. 甲方提前将未到期贷款本息全部还清的，乙方不计收提前还款部分在提前期内利息，但对原还款应收未收的利息应予补收。

第八条　贷款担保

1. 本合同项下甲方购买的住房由丙方提供阶段性连带责任保证。在未将房地产权证交乙方收押前，如发生借款人违约连续三个月拖欠贷款本息、罚息及相关费用，丙方须在接到乙方发出《履行保证责任通知书》后的十日内负责代为清偿。保证期限从贷款发生之日起，至乙方取得房地产权证收押之日为止。

2. 保证期间，借款合同的甲、乙方协议变更借款合同内容，应事先征得丙方的书面同意。

3. 本合同项下甲方购买、建造、翻建、大修的住房作为借款的抵押担保，由甲、乙方另行签订《住房抵押合同》。甲方购买期房的，应将购房预售合同交乙方保管。

第九条　合同公证

甲、乙、丙三方自本合同签订之日起的十日内，向公证机关办理本合同和甲、乙方签订的住房抵押合同公证。费用由甲、乙方各半负担。

第十条　合同的变更和解除

1. 本合同生效后，任何一方不得擅自变更和解除本合同。

2. 甲方如将本合同项下的权利、义务转让给第三方，应符合有关规定，并应事先经乙方书面同意(如在保证期间应征得丙方同意)，其转让行为在受让方和乙方重新签订借款合同后生效。

第十一条　甲、乙双方的权利和义务

1. 甲方有权要求乙方按合同约定发放贷款。

2. 甲方应在合同约定的期限内向乙方归还全部贷款本息。

3. 甲方必须按约定用途使用乙方贷款，未经乙方书面同意，甲方不得将乙方贷款挪作他用。

4. 乙方应按合同规定期限及时发放贷款。

第十二条　违约责任

1. 甲方在执行本合同期间，未按月偿还贷款本息为逾期贷款，乙方按规定对其欠款每天计收万分之八的罚金；并由甲方在活期储蓄或储蓄卡账户内存入一个月的贷款本息还款数，保证按时归还乙方贷款本息。

2. 甲方如连续六个月未偿还贷款本息和相关费用，或被发现申请贷款时提供资料不实以及未经乙方书面同意擅自将抵押住房出租、出售、交换、赠与等方式处分抵押住房的，乙方有权提前收回贷款本息，直至处分抵押住房，如不足以偿还欠款的，有继续向甲方追偿欠款的权利。

3. 甲方未将乙方贷款按合同约定使用而挪作他用，对挪用部分按规定每天计收万分之十二的罚金。

第十三条　本合同争议解决方式

在履行本合同过程中发生争议时，可以通过协商解决，协商不成，可以向乙方所在的人民法院起诉。在协商或诉讼期间，本合同不涉及争议部分的条款，仍须履行。

第十四条　其他约定事项

1. 待收到房地产其他权利登记证明后放款。

2. /

3. /

4. /

第十五条　本合同自房地产登记机构发给抵押登记证明之日起生效，甲、乙双方至合同项下贷款本息和相关费用全部清偿完毕后终止。

第十六条　本合同正本一式五份，甲、乙、丙各执一份，公证机关、房地产登记机构各执一份，副本按需确定，其中：送上海市公积金管理中心一份。

甲方：（私章）　杨华

（签字）　杨华

2018 年 12 月 1 日

乙方：（公章）　中国建设银行 上海市分行 房地产信贷部

法定代表人（签字）
（或其授权代理人）　张忠祥

2018 年 12 月 1 日

丙方：（公章）　立信股份有限公司 合同专用章

法定代表人签字
（或其授权代理人）　达李 印顺

2018 年 12 月 1 日

中国建设银行上海市分行

个人住房商业性借款合同

贷 款 种 类：居民购房借款　　　　　　　　　　　　合同编号：组 07—555

借　款　人：金星　　　　　　　　　　　　　　　　电　　话：64872222

住　　　址：虹桥路 400 号 107 室　　　　　　　　邮政编码：200030

贷 款 银 行：中国建设银行上海市分行房地产信贷部

地　　　址：上海市淮海东路 85 号　　　　　　　　电　　话：63748585

法定代表人：张忠祥

传　　　真：63748585　　　　　　　　　　　　　邮政编码：200021

保　证　人：立信股份有限公司

地　　　址：零陵路 583 号　　　　　　　　　　　电　　话：43966000

法定代表人：李顺达

开户金融机构及账号：中国建设银行上海市分行徐汇支行 055122—00239022110

传　　　真：43966010　　　　　　　　　　　　　邮政编码：200030

借款人(以下简称甲方)：

贷款银行(以下简称乙方)：

保证人(售房单位,以下简称丙方)：

甲方向丙方购买自住的商品房,按照《中国建设银行上海市分行个人住房商业性贷款实施细则》向乙方申请借款,乙方经审查同意用银行信贷资金发放贷款。为明确各自的权利和义务,甲、乙、丙三方遵照有关法律规定,经协商一致,订立本合同,以便共同遵守执行。

第一条　借款金额

甲方向乙方借款人民币(大写)贰拾柒万元整。

第二条　借款用途

甲方借款用于向丙方购买徐汇区(县)宛平街道(镇)中山南二路(村)众信大厦 A 楼 901、902 室商品房。

第三条　借款期限

甲方借款期限为 10 年,即从 2018 年 12 月 10 日至 2028 年 12 月 9 日止。

第四条　贷款利率

甲、乙、丙三方约定,由中国建设银行上海市分行根据中国人民银行关于对中长期贷款采用分期确定利率的规定,对个人住房商业性贷款采取每年确定利率的方法,即根据中国人民银行公布的每年十一月底的利率水平，中国建设银行上海市分行在当年十二月份公布下一年度个人住房商业性贷款的利率水平，利率的执行期限从下一年度一月一日到该年的十二月三十一日止。

借款合同签订时，以当日中国建设银行上海市分行公布执行的个人住房商业性贷款利率确定首期贷款利率，执行期限到当年的十二月三十一日止。

第五条　贷款拨付

甲方委托乙方在办理住房抵押登记获得登记部门认同(乙方确定认同标准)之日起的5个营业日内，将全部贷款连同甲方存入的自筹资金，以甲方购房款名义用转账方式划至丙方的销售商品房存款户。

第六条　贷款偿还

1. 贷款本金和利息，采用按月等额还款方式，等额还款的计算公式为：

$$每月等额偿还贷款本息=贷款本金\times月利率+\frac{贷款本金\times月利率(8.25‰)}{(1+月利率)^{还款总月数}-1}$$

2. (1) 首期月还款本息额为人民币(大写) 零万叁仟伍百伍拾叁元叁角玖分；

(2) 第二期至以后各期月还款本息额根据当年中国建设银行上海市分行公布的个人住房商业性贷款利率计算，以乙方书面通知为准。

3. 在借款发生的次月起按月偿还。

甲方办理中国建设银行上海市分行储蓄卡、信用卡，委托乙方每月十五日至二十日代扣。

4. 借款人提前将未到期贷款本金全部还清，乙方不计收提前还款手续费，也不退回按原合同利率收取的贷款利息。

第七条　贷款担保

1. 甲方以购买的商品房作为本合同项下借款抵押担保。甲、乙双方签订《个人住房抵押合同》作为本合同的从合同。甲、乙双方应向房地产登记部门办理房地产抵押登记。

2. 丙方为本合同项下借款提供阶段性连带责任保证。在该商品房竣工验收交付给甲方并且将《房地产权证》《房地产其他权利证明》交乙方执管之前，如借款人连续三个月拖欠贷款本息、罚息及其他相关费用，丙方应在接到乙方发出《履行担保责任通知书》后的一个月内负责代为清偿。

第八条　保险

1. 甲方必须办理全额抵押房产的财产保险并承担保险费用，有关保险手续可委托乙方代办。抵押期内，甲方不得以任何理由中断保险。

2. 保险单须注明乙方为保险赔偿金的第一受益人，抵押期内，保险单正本由乙方保管。

第九条　合同的变更和解除

1. 本合同生效后，任何一方不得擅自变更和解除合同。若借款合同需要变更，须经甲、乙双方协商同意，并依法签订变更协议。

2. 本合同存续期间，合同条款与新颁布的法律法规不相符的，原合同应依照法律法规做相应变更。

3. 甲方如将本合同项下的权利、义务转让给第三方，应事先取得乙、丙方的书面同意，其转让行为在受让方和乙、丙方重新签订借款合同后生效，原合同同时终止。

第十条　甲、乙双方的权利和义务

1. 甲方有权要求乙方按本合同约定发放贷款。

2. 甲方必须按本合同按月还款，并在约定的借款期限内向乙方归还全部贷款本息。

第十一条　违约责任

1. 甲方在执行本合同期间，没有按月还款，乙方按规定对其逾期本息按日利率万分之八计收罚息。

2. 甲方如连续六个月没有偿还贷款本息和相关费用，乙方有权终止合同并处分抵押物，如不足以偿还欠款的，有继续向甲方追偿欠款的权利。

第十二条　本合同争议解决方式

在履行本合同过程中发生争议时，可以通过协商解决，协商不成，可以向乙方所在地的人民法院起诉。在协商或诉讼期间，本合同不涉及争议部分的条款，仍须履行。

第十三条　其他约定事项

第十四条　本合同自甲、乙、丙三方签字并盖章后生效，丙方保证责任至甲方所购商品房的《房地产权证》和《房地产其他权利证明》交乙方执管后终止。甲、乙双方承担责任至本合同项下贷款本息全部清偿完毕后终止。

第十五条　本合同正本一式五份，甲、乙、丙、公证部门、房地产登记部门各执一份，副本/份。

甲方：（私章）　金星
（借款人）

（签字）　金星

2018年12月5日

乙方：（公章）　中国建设银行 上海市分行 房地产信贷部
（贷款银行）

法定代表人（签字）　张忠祥
（或授权代理人）

2018年12月5日

丙方：（公章）　立信股份有限公司 合同专用章
（保证人）

法定代表人（签字）　李顺达
（或授权代理人）

2018年12月5日

三、税　　项

(一) 税(费)率

1. 企业所得税税率：　　25%

2. 增值税税率：(该公司为增值税一般纳税人)

销售房地产：　　10%

出租房屋：　　10%

物业管理：　　6%

销售建筑装潢材料：　　16%

3. 城市维护建设税：　　7%

4. 教育费附加率：　　3%

(根据实际缴纳增值税、消费税、营业税三税税额计征)

由地方政府征收的其他附加费在本实验教材中略去，以适当减少重复工作量。

5. 房产税：

自用房屋：　月初房产账面原值×(1 －扣除率 20%)×年税率 1.2%÷12

出租房屋：　月租金收入×税率 12%

房产税按月计提后，每年分两次于 5 月、11 月缴纳。

6. 城镇土地使用税：　　年税额 12 元/平方米

城镇土地使用税按月计提后，每年分两次于 5 月、11 月缴纳。

7. 车船税：

轿车：　　年税额 320 元/辆

货车：　　年税额 60 元/辆

注：车船税按年计征，因金额较小，直接计入缴纳当月的税金及附加。

8. 印花税：

印花税在购买印花税票时计入当月税金及附加。

9. 个人所得税：

由公司根据职工的每月工资所得，按 9 级超额累进税率代扣代缴。

10. 土地增值税：

本月税务上认定实现的房地产销售收入，在下月月初按 2%的预征率预缴土地增值税。本月会计上确认实现的商品房销售收入，相关房地产开发项目未达到土地增值税清算条件的，月末自行比照增值税规定计提土地增值税。相关房地产开发项目达到土地增值税清算条件进行清算时，预交的土地增值税与结算的应交土地增值税两者差额即为应补交的土地增值税，并作相应处理。

注：土地增值税按税法规定实行四级超率累进税率：增值额未超过扣除项目金额 50%

的部分，税率为30%；增值额超过扣除项目金额50%、未超过扣除项目金额100%的部分，税率为40%；增值额超过扣除项目金额100%、未超过扣除项目金额200%的部分，税率为50%；增值额超过扣除项目金额200%的部分，税率为60%。普通标准住宅项目，增值额未超过扣除项目金额20%的免征土地增值税。

纳税人应进行土地增值税清算的情形：(1)房地产开发项目全部竣工、完成销售的；(2)整体转让未竣工决算房地产开发项目的；(3)直接转让土地使用权的。

(二) 有关税收法规

税种	标　　题	发文日期	文　　号
增值税	财政部 国家税务总局 关于调整增值税税率的通知	2018-04-04	财税〔2018〕32号
	中华人民共和国增值税暂行条例	2017-11-19	中华人民共和国国务院令第691号
	财政部关于印发《增值税会计处理规定》的通知	2016-12-03	财会〔2016〕22号
	国家税务总局关于发布《房地产开发企业销售自行开发的房地产项目增值税征收管理暂行办法》的公告	2016-03-31	国家税务总局公告2016年第18号
土地增值税	国家税务总局关于营改增后土地增值税若干征管规定的公告	2016-11-10	国家税务总局公告2016年第70号
	中华人民共和国土地增值税暂行条例	2011-02-08	中华人民共和国国务院令第138号
	财政部 国家税务总局 关于土地增值税若干问题的通知	2006-03-02	财税〔2006〕21号
	中华人民共和国土地增值税暂行条例实施细则	1995-01-27	财法字〔1995〕6号
企业所得税	中华人民共和国企业所得税法	2017-02-24	中华人民共和国主席令第64号
	财政部 国家税务总局 关于促进企业重组有关企业所得税处理问题的通过	2014-12-25	财税〔2014〕109号
	财政部 国家税务总局 关于企业重组业务企业所得税处理若干问题的通知	2009-04-30	财税〔2009〕59号
	中华人民共和国企业所得税法实施条例	2007-12-06	中华人民共和国国务院令第512号

四、实习目的、程序、要求及实习组织

（一）实习目的

通过本册模拟实习的操作，学生能比较系统、全面地掌握股份制企业和房地产开发企业会计核算的基本程序和具体方法，有利于学生加强对会计基本理论的理解、对会计基本方法的运用和对会计基本技能的训练，将专业理论和会计实务紧密结合。本册实习教材的操作，也是对学生所学专业知识掌握程度及运用能力的一次综合考查，为他们即将从事的会计工作打下扎实的基础。

（二）实习程序与要求

1. 熟悉和领会实习企业概况、会计政策及内部会计核算办法。

2. 根据本书“五、建账资料”所提供的 2018 年 12 月初各账户余额，开设总分类账户、明细分类账户及现金日记账、银行存款日记账，将月初余额记入余额栏内，摘要栏填写“承前页”。

此外，还应根据经济业务发生情况，增设必要的账户。

3. 根据本书“七”“八”所提供的经济业务及原始凭证，整理或填制有关经济业务的原始凭证，分类编制记账凭证、收款凭证、付款凭证和转账凭证，并将原始凭证附于有关的记账凭证之后。记账凭证和账簿均用蓝、黑墨水笔填写、登记。

对于现金与银行存款之间的收付业务，以贷项为主，只编付款凭证。

各类记账凭证应分别顺序编号：

现金收款凭证	现收 1、现收 2、现收 3……
现金付款凭证	现付 1、现付 2、现付 3……
银行存款收款凭证	银收 1、银收 2、银收 3……
银行存款付款凭证	银付 1、银付 2、银付 3……
转账凭证	转 1、转 2、转 3……

4. 根据收款凭证、付款凭证登记现金日记账、银行存款日记账和现金流量表台账。

发现错账，应根据具体情况，分别采用划线更正法、红字更正法和补充登记法更正错账，切勿刮、擦、挖、补和涂改。

5. 根据所编记账凭证及所附原始凭证或原始凭证汇总表，陆续顺序登记有关明细账。为了减少实习的重复工作量，请按实习教材“五、建账资料”中的要求设置有关明细账，其余明细账登记从略。

6. 按照本书“二(十二)(十三)(十四)(二十四)”所述核算流程、规定与方法，进行商品房出售、出租经营、物业管理等主营业务的核算。为了便于结算预缴税款，要求收到购房款、定金、租金、物业管理费时一律先通过“合同负债”或“预收账款”账户核算，再将实现的收入结转至“主营业务收入”账户。

7. 按照本书“二(十五)(十六)”所述房屋开发成本及费用的核算规定与方法，分配有关费用，计算众信大厦 A 楼开发成本，并编制开发成本计算表。

8. 按本书“二(十二)、三”的要求，计提各种税金，编制有关记账凭证。

9. 按权责发生制要求计算、结转损益，并根据模拟实习“二(十八)”的要求进行利润分配的账务处理，编制有关记账凭证。

10. 根据记账凭证定期于每月 15 日、月末编制科目汇总表，并利用科目汇总表进行试算平衡。

11. 根据科目汇总表登记各总分类账户。

12. 结出各类账簿或账户本期发生额及期末余额，将总分类账与有关明细分类账、日记账进行核对。

13. 根据核对相符的总分类账户、明细分类账户以及本书“六(一)(二)(三)”所提供资料，编制立信股份有限公司母公司资产负债表、利润表、所有者权益变动表和现金流量表。

14. 根据所编制的会计报表以及本书“六(四)”所作提示计算下列财务指标：资产负债率、流动比率、速动比率、应收账款周转率、存货周转率、资本保值增值率、总资产报酬率、净资产收益率、每股净资产、每股收益。

15. 根据本书“六(五)”所提供资料编制立信股份有限公司合并资产负债表、合并利润表和合并所有者权益变动表。也可根据教学内容删除此项要求，不影响其他部分实习。

16. 将收款、付款、转账凭证分别按编号顺序排列，折叠整齐，加具封面，装订成册。账页、报表也应分别加具封面，装订成册。

17. 有条件的学校，可运用计算机进行编制记账凭证、登账和编制会计报表的上机操作。

(三) 实习组织

1. 应配备专职或兼职实习指导教师，组织和指导实习全过程，并根据学生完成实习的质量和工作量给予评分。

2. 可根据具体情况选择分组共同完成实习或一人单独完成实习。

分组共同完成实习，有利于相互讨论和加强复核。每组人数以 2～4 人为宜。完成实习后，应填写各人分工及工作量明细表，以便明确责任和考核评分。为了弥补分组实习的缺陷，在实习过程中应加强交流。指导教师在实习完成后还应组织个别口头提问，以了解学生对组内所完成会计核算工作的熟悉程度。

一人单独完成实习的效果较好，有利于系统、全面地熟悉和掌握整个企业会计实务。

五、建 账 资 料

(一) 会计科目、2018 年 12 月初账户余额及账页格式(参照《企业会计制度》)

科目编号	总账科目	子　目	细　目	余　额	账页格式
1001	库存现金			借　4 117.12	三栏式总账、日记账
1002	银行存款			借　21 272 975.29	三栏式总账
		中国建设银行	基本存款户	借　11 173 407.00	三栏式日记账
		中国建设银行	保证金户	借　4 400 000.00	三栏式日记账
		交通银行	一般存款户	借　5 699 568.29	三栏式日记账
1121	应收票据			0	三栏式
1122	应收账款			借　369 000.00	三栏式
		应收房款		借　369 000.00	(略)
1231	坏账准备			贷　16 900.00	三栏式
		应收账款		贷　16 800.00	(略)
		其他应收款		贷　100.00	(略)
1123	预付账款			借　33 723 032.34	三栏式
		预付备料款		借　4 300 000.00	(略)
		预付工程款		借　29 135 000.00	(略)
		预付财产保险费		借　49 220.34	(略)
		预付过渡房租金		借　238 812.00	(略)
1221	其他应收款			借　15 000.00	三栏式
		预支差旅费		借　5 000.00	(略)
		暂付押金		借　10 000.00	(略)
1403	原材料			借　440 884.00	三栏式
		柳桉木		借　24 000.00	数量金额式
		其他		借　416 884.00	(略)

（续表）

科目编号	总账科目	子目	细目	余额	账页格式
5001	开发成本			借 117 933 376.00	三栏式
		众信大厦	A楼	借 38 170 944.00	多栏式
			B楼	借 33 659 376.96	（略）
			C楼	借 32 619 698.00	（略）
			D楼	借 7 174 950.00	（略）
			E楼	借 6 308 407.04	（略）
		立信花苑		0	（略）
5101	开发间接费用			0	三栏式 多栏式 明细账
1405	开发产品			借 12 867 622.60	三栏式
		爱信公寓		借 10 708 320.00	（略）
		爱信大厦		借 2 159 302.60	（略）
1521	投资性房地产	出租		借 27 765 600.00	三栏式
1522	投资性房地产累计摊销	出租摊销		贷 2 154 600.00	三栏式
1511	长期股权投资			借 14 177 091.06	三栏式
		信恒保温瓶公司		借 10 000 000.00	三栏式
		信谊百货公司		借 1 352 700.00	三栏式
		信隆饭店		借 2 824 391.06	三栏式
		信达建材装潢总汇		0	三栏式
1601	固定资产			借 17 986 500.00	三栏式
1602	累计折旧			贷 4 193 414.70	三栏式
1604	在建工程			0	三栏式
1606	固定资产清理			0	三栏式
1901	待处理财产损溢			0	三栏式
		待处理固定资产损溢		0	（略）

（续表）

科目编号	总账科目	子　目	细　目	余　额	账页格式
1701	无形资产	土地使用权		借 6 302 400.00	三栏式
1702	累计摊销	土地使用权		贷 176 800.00	三栏式
1711	商　誉			0	三栏式
1811	递延所得税资产			借 4 225.00	三栏式
2001	短期借款			贷 70 000 000.00	三栏式
		中国建设银行		贷 50 000 000.00	（略）
		交通银行		贷 20 000 000.00	（略）
2202	应付账款			贷 2 563 250.00	三栏式
		应付工程款		贷 2 563 250.00	（略）
2203	预收账款			0	三栏式
2204	合同负债			贷 27 846 997.60	三栏式
		预收房款		贷 27 728 347.60	（略）
		预收物业管理费		贷 118 650.00	（略）
2211	应付职工薪酬			贷 77 367.00	三栏式
		教育经费		贷 77 367.00	（略）
2231	应付股利			0	三栏式
2221	应交税费			贷 1 281 676.29	三栏式
		应交所得税		贷 482 565.29	三栏式
		应交增值税	销项税额	贷 533 350.00	多栏式
		应交城建税		贷 37 334.50	（略）
		应交个人所得税		贷 2 826.00	（略）
		应交土地增值税		贷 209 600.00	（略）
		应交教育费附加		贷 16 000.50	（略）
2241	其他应付款			贷 12 083 084.00	三栏式
		应付产权转让款		0	（略）

（续表）

科目编号	总账科目	子目	细目	余额	账页格式
		应付房屋修缮基金		贷 12 012 261.00	（略）
		代收垃圾清运费		贷 70 823.00	（略）
2231	应付利息			贷 1 082 900.00	三栏式
		预提借款利息		贷 1 082 900.00	（略）
2701	长期应付款	融资租入固定资产应付款		0	三栏式
2702	未确认融资费用			0	三栏式
4001	股　本			贷 60 000 000.00	三栏式
4002	资本公积	股本溢价		贷 12 078 590.00	三栏式
4101	盈余公积			贷 19 347 492.74	三栏式
		法定盈余公积		贷 11 452 730.13	（略）
		任意盈余公积		贷 7 894 762.61	（略）
4103	本年利润			贷 23 158 751.08	三栏式
4104	利润分配			贷 16 800 000.00	三栏式
		未分配利润		贷 16 800 000.00	（略）
6001	主营业务收入			0	三栏式
6401	主营业务成本			0	三栏式
6601	销售费用			0	三栏式
6602	管理费用			0	三栏式总账、多栏式明细账
6603	财务费用			0	三栏式
6701	资产减值损失			0	三栏式
6702	信用减值损失			0	三栏式
6405	营业税金及附加			0	三栏式
6051	其他业务收入			0	三栏式
6402	其他业务成本			0	三栏式
6111	投资收益			0	三栏格式

（续表）

科目编号	总账科目	子　　目	细　　目	余　　额	账页格式
6115	资产处置收益			0	三栏式
6301	营业外收入			0	三栏式
6711	营业外支出			0	三栏式
6801	所得税费用			0	三栏式

注：财政部未规定“合同负债”的科目编号，本书对其编号为“2204”。若以后财政部对该科目编号进行规定的，以财政部规定为准。

（二）“开发成本——众信大厦 A 楼”明细账 12 月初余额

成本项目	土地转让及拆迁补偿费	前　期工程费	基　础设施费	建　安工程费	配　套设施费	开　发管理费	合　计
余额	7 816 000	1 112 520.96	3 908 000	22 751 830	1 036 000	1 546 593.04	38 170 944

（三）“原材料——柳桉木”明细账 12 月初余额

实物计量单位：m^3

月份	日期	凭证编号	摘　要	收　　入			发　　出			结　　存		
				数量	单价	金额	数量	单价	金额	数量	单价	金额
12	1		月初结存							6	4 000	24 000

（四）“开发间接费用”明细项目

费用项目	工资薪酬	折旧费	财　产保险费	交通、差旅费	动迁过渡房租　赁　费	其他	合计

（五）“管理费用”明细项目

费用项目	工资薪酬	折旧、修理及财产保险	无形资产摊销	水电费	交通、差旅费	业务招待费	办公、通信费	税金	其他

六、编制及分析年度会计报表的有关资料

本部分提供的资料主要包括资产负债表各项目年初数、利润表各项目1～11月累计数、现金流量表各项目1～11月累计数和现金流量表台账，以及计算有关财务指标的要求与提示。

(一) 资产负债表各项目2018年年初数

资产负债表

会企01表

编制单位：立信股份有限公司　　2018年1月1日　　单位：元

资　　产	年初余额	负债和所有者权益（或股东权益）	年初余额
流动资产：		流动负债：	
货币资金	11 777 061.00	短期借款	88 000 000.00
交易性金融资产		交易性金融负债	
衍生金融资产		衍生金融负债	
应收票据及应收账款	1 083 700.00	应付票据及应付账款	6 158 000.00
预付款项	30 424 324.24	预收款项	
其他应收款	514 900.00	合同负债	24 974 000.00
存货	142 914 750.00	应付职工薪酬	40 319.00
合同资产		应交税费	1 432 164.55
持有待售资产		其他应付款	20 438 948.21
一年内到期的非流动资产		持有待售负债	
其他流动资产		一年内到期的非流动负债	
流动资产合计	186 714 735.24	其他流动负债	
非流动资产：		流动负债合计	141 043 431.76

（续表）

资　　产	年初余额	负债和所有者权益（或股东权益）	年初余额
债权投资		非流动负债：	
其他债权投资		长期借款	
长期应收款		应付债券	
长期股权投资	14 177 091.06	其中：优先股	
其他权益工具投资		永续债	
其他非流动金融资产		长期应付款	
投资性房地产	26 550 950.00	预计负债	
固定资产	15 582 513.20	递延收益	
在建工程		递延所得税负债	
生产性生物资产		其他非流动负债	
油气资产		非流动负债合计	
无形资产	6 240 000.00	负债合计	141 043 431.76
开发支出		所有者权益（或股东权益）：	
商誉		实收资本（或股本）	60 000 000.00
长摊待摊费用		其他权益工具	
递延所得税资产	4 225.00	其中：优先股	
其他非流动资产		永续债	
非流动资产合计	62 554 779.26	资本公积	12 078 590.00
		减：库存股	
		其他综合收益	
		盈余公积	19 347 492.74
		未分配利润	16 800 000.00
		所有者权益（或股东权益）合计	108 226 082.74
资产总计	249 269 514.50	负债和所有者权益（或股东权益）总计	249 269 514.50

注：应收账款和其他应收款计提的坏账准备分别为 16 800 元和 100 元。

(二) 利润表各项目 2018 年 1～11 月累计数

利 润 表

会企 02 表

编制单位：立信股份有限公司　　2018 年 1～11 月　　单位：元

项　　目	1～11 月累计金额	本 月 数
一、营业收入	135 796 832.81	
减：营业成本	79 479 905.20	
税金及附加	10 517 399.50	
销售费用	4 644 950.00	
管理费用	5 663 976.13	
研发费用		
财务费用	4 736 027.21	
其中：利息费用		
利息收入		
资产减值损失		
信用减值损失		
加：其他收益		
投资收益(损失以"－"号填列)		
其中：对联营企业和合营企业的投资收益		
净敞口套期收益(损失以"－"号填列)		
公允价值变动收益(损失以"－"号填列)		
资产处置收益(损失以"－"号填列)		
二、营业利润(亏损以"－"号填列)	30 754 574.77	
加：营业外收入	140 000.00	
减：营业外支出	16 240.00	
三、利润总额(亏损总额以"－"号填列)	30 878 334.77	
减：所得税费用	7 719 583.69	

（续表）

项　　目	1～11月累计金额	本　月　数
四、净利润（净亏损以“－”号填列）	23 158 751.08	
（一）持续经营净利润（净亏损以“－”号填列）	23 158 751.08	
（二）终止经营净利润（净亏损以“－”号填列）		
五、其他综合收益的税后净额		
（一）不能重分类进损益的其他综合收益		
1. 重新计量设定受益计划变动额		
2. 权益法下不能转损益的其他综合收益		
3. 其他权益工具投资公允价值变动		
4. 企业自身信用风险公允价值变动		
……		
（二）将重分类进损益的其他综合收益		
1. 权益法下可转损益的其他综合收益		
2. 其他债权投资公允价值变动		
3. 金融资产重分类计入其他综合收益的金额		
4. 其他债权投资信用减值准备		
5. 现金流量套期储备		
6. 外币财务报表折算差额		
……		
六、综合收益总额	23 158 751.08	
七、每股收益：		
（一）基本每股收益		
（二）稀释每股收益		

会计机构负责人 柳　青　　　　　　　　制表人 李　芳

注：本表项目“营业收入”中包含其他业务收入 112 048 元，“营业成本”中包含其他业务成本 45 000 元。

（三）现金流量表各项目2018年1～11月累计数以及现金流量表台账

现金流量表台账

账页名称：经营活动现金流入

2018年		凭证号码	摘要	金额	明细项目		
月	日				销售商品、接受劳务	收到的税费返还	收到其他
12	1		1～11月累计数	151 639 833.22	147 989 734.17		3 650 099.05

账页名称：投资活动现金流入

2018年		凭证号码	摘　　要	金　　额	明　细　项　目	
月	日				取得投资收益	处置固定资产
12	1		1～11月累计数	511 960	510 000	1 960

账页名称：投资活动现金流出

2018年		凭证号码	摘　　要	金　　额	明　细　项　目	
月	日				购建固定资产	投资所支付
12	1		1～11月累计数	59 000	59 000	

账页名称：筹资活动现金流入

2018年		凭证号码	摘　　要	金　　额	明　细　项　目		
月	日				吸收投资	借　款	收到其他
12	1		1～11月累计数	6 000 000		6 000 000	

账页名称：筹资活动现金流出

2018年		凭证号码	摘要	金额	明细项目		
月	日				偿还债务	分配股利、偿付利息	支付其他
12	1		1～11月累计数	39 812 250.80	24 000 000	15 812 250.80	

(四) 计算有关财务指标的要求与提示

要求计算结果精确到 0.01。

财务指标名称	计算过程及结果	提　　示
(1) 资产负债率		
(2) 流动比率		
(3) 速动比率		
(4) 应收账款周转率		此处用应收账款余额，不用应收账款净额
(5) 存货周转率		$\frac{\text{主营业务成本}}{(\text{期初存货}+\text{期末存货})\div 2}$ 主营业务成本中应扣除出租房地产的成本 718 200 元
(6) 资本保值增值率		$\frac{\text{年末所有者权益总额}}{\text{年初所有者权益总额}}\times 100\%$
(7) 总资产报酬率		$\frac{\text{利润总额}+\text{利息支出}}{\text{平均资产总额}}\times 100\%$ 1～11月份累计利息支出为 5 066 930.80 元
(8) 净资产收益率		$\frac{\text{净利润}}{\text{年末所有者权益总额}}\times 100\%$
(9) 每股净资产		按年末股本数摊薄计算
(10) 基本每股收益		$\frac{\text{净利润}}{\text{股本总数}}$(按年末股本数摊薄计算) (该公司每股股票面值 1 元)
(11) 每股经营活动现金净流量		$\frac{\text{经营活动产生的现金流量净额}}{\text{年末股本总数}}$

账页名称：经营活动现金流出

2018年		凭证号码	摘要	金额	明细项目			
月	日				购买商品接受劳务	支付给职工及为职工支付	支付的各项税费	支付的其他
12	1		1～11月累计数	109 180 511.01	84 077 052.60	2 640 892	17 577 615.41	4 884 951

(五) 编制合并会计报表有关资料及工作底稿

1. 编制合并会计报表范围。

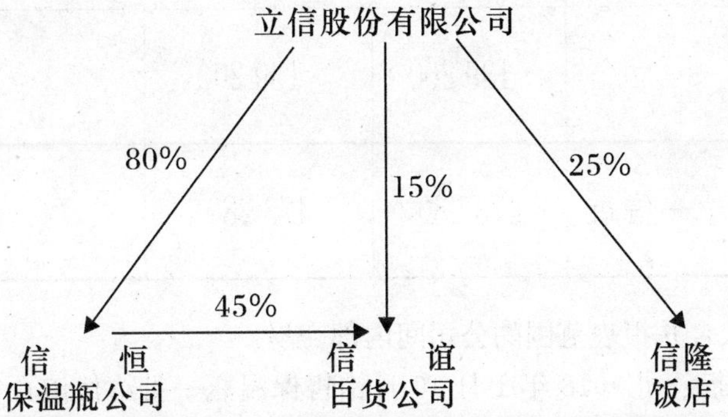

2. 各子公司有关会计政策。

(1) 信恒保温瓶公司、信谊百货公司均按账龄分析法计提坏账准备，且计提的口径与母公司一致。

(2) 信恒保温瓶公司、信谊百货公司年末分别按各自净利润的10%提取法定盈余公积。

3. 各子公司与母公司、子公司相互之间债权债务。

单位：元

账户 \ 年末余额 \ 公司	立 信	信 恒	信 谊
应收票据——信谊		631 800	
应收账款——信谊		473 280	
——立信			139 200
应付票据——信恒			631 800
应付账款——信恒			473 280
——信谊	139 200		

内部应收账款的账龄如下：

单位：元

公司	账　　户	年末余额	账　　龄		
			半年以内	半年至一年	一年至二年
信谊	应收账款——立信	139 200	139 200		
信恒	应收账款——信谊	473 280	473 280		

4. 本年度纳入合并报表范围的公司间内部交易。

(1) 信恒保温瓶公司 2018 年 1 月 10 日销售保温瓶一批给信谊百货公司，增值税专用发票已开出，货物已发出，货款当即付清。保温瓶属信谊百货公司经销范围。

品　　名	数　量	价　款	税　额
塑壳中号保温瓶	5 000 只	70 000 元	11 200 元
塑壳大号保温瓶	5 000 只	80 000 元	12 800 元
合　　计		150 000 元	24 000 元

(2) 信恒保温瓶公司 2018 年 12 月 1 日赊销保温瓶一批给信谊百货公司，增值税专用发票已开出，货物已发出，货款 473 280 元尚未收到。

品　　名	数　量	价　款	税　款
铝壳气压保温瓶	9 600 只	336 000 元	53 760 元
铁壳保温瓶	3 600 只	72 000 元	11 520 元
合　　计		408 000 元	65 280 元

(3) 信谊百货公司年末存货中有下列项目系 2018 年度从信恒保温瓶公司购入：

库存商品	数　量	金　额
铝壳气压保温瓶	7 600 只	266 000 元
铁壳保温瓶	3 200 只	64 000 元
合　　计		330 000 元

公司年初存货中无信恒保温瓶公司产品。信恒保温瓶公司 2018 年度销售毛利率为 22.5%。

(4) 信谊百货公司 2018 年 12 月 16 日赊销水笔一批给立信股份有限公司，增值税专用发票已开出，货物已发出，货款尚未收到。该批水笔用于立信股份公司业务应酬。

品　名	数　量	价款(不含增值税)	税　款	销售成本
永胜金笔	100 支	120 000 元	19 200 元	72 000 元

(5) 信恒保温瓶公司 2018 年 12 月 30 日用银行存款向立信股份有限公司购买职工健身房一套，收到发票并取得产权，房款 420 000 元及增值税款 42 000 元当即付清。该套房屋的开发成本

为 324 471 元。

5. 各子公司利润分配情况。

(1) 立信股份有限公司 2018 年 1 月 15 日收到信谊百货公司分来上年利润 30 000 元。

(2) 立信股份有限公司 2018 年 1 月 25 日收到信恒保温瓶公司分来上年利润 480 000 元。

(3) 信恒保温瓶公司 2018 年年末根据董事会决议，按出资比例向投资者分派利润 500 000 元，尚未发放。

(4) 信谊百货公司 2018 年年末根据董事会决议，按出资比例向投资者分派利润 200 000 元，尚未发放。

6. 各子公司实收资本、资本公积的变动。

各子公司实收资本均无变化，资本公积变动情况如下：

信恒保温瓶公司资本公积增加 200 000 元(以前年度)

信谊百货公司资本公积增加 340 000 元(以前年度)

上述资本公积增加额均系执行新会计准则之前接受捐赠所致。

7. 个别会计报表数据。

信恒保温瓶公司和信谊百货公司个别会计报表的数据已过入合并报表的工作底稿，立信股份有限公司(母公司)个别报表的数据通过本次实习取得。

要求：根据上述资料编制立信股份有限公司合并利润表、合并资产负债表和合并所有者权益变动表以及合并现金流量表。

七、2018 年 12 月份发生的经济业务

（共计 102 项）

（1）2 日，支付公司董事会秘书张兰参加董秘培训班费用 960 元（不含税）及增值税款 57.6 元。该培训班由中国证监会委托上海证券交易所在延安饭店举办。收到该饭店开列的增值税专用发票。

要求：签发交通银行支票，＃AA057770（按现行规定，支票签发日期要求大写）。

（2）2 日，收到建设银行职工住房抵押贷款凭证回单，通知爱信公寓 2 号楼 401 室购房人杨华公积金贷款 100 000 元已划转入本公司建设银行账户。商品房尚未移交。

要求：开具收据，＃11－4856811。

（3）2 日，公司经过产权交易完成了在非同一控制下吸收合并虹梅房地产开发公司的事项。被合并方虹梅房地产开发公司被合并后丧失法人资格，按规定在进行财产清查、资产评估确认会计处理后结束旧账。公司收到被合并方编制的合并成交日的资产负债表及移交清册，对其移交的实物资产、债权、债务进行验收，核实后入账。被合并方可辨认净资产的公允价值为 24 455 900 元，经产权交易双方确认的转让价格为 25 343 900 元。该转让款约定在 8 个工作日内一次性付清。同日，支付产权交易所交易手续费 32 671.95 元，收到产权交易所开具的产权交易凭证。

要求：签发交通银行支票：＃AA057771。

（4）2 日，向上海城市园艺工程公司支付众信大厦配套绿化工程款项 280 000 元及增值税款 8 400 元，同时收到增值税专用发票。至上月末已累计预付 150 000 元及增值税款 4 500 元，均已于支付时收到增值税专用发票（上海城市园艺工程公司以清包工方式提供的建筑服务，选择采用简易计税方法计税，即按 3％征收率计税）。

要求：签发建设银行支票＃AK079880 按众信大厦 A、B、C 三幢大楼建筑面积分配计入开发成本（成本项目：基础设施费）。A、B、C 三幢楼建筑面积分别为 14 400 m^2、14 600 m^2、14 000 m^2。

（5）3 日，经审计发现，上年度多摊销办公用房装修费 14 200 元，该差错为非重大会计差错，今调整（办公用房装修费已记入“累计折旧”账户）。

（6）3 日，根据 2011 年 4 月 20 日“立信股份有限公司 2011 年股东大会的决议公告（公告编码：2011－002）”“关于配股申请获得中国证券监督委员会核准的公告”以及“2010 年度配股发行结果公告”，公司实施了对年初股份总数 60 000 000 股按 10：2.5 进行配股，共配售 15 000 000 股，配售价为每股 3 元。配股的主承销商为华龙证券公司，已签订承销协议。

本次配股共收到人民币 43 402 050 元，已扣除应付华龙证券公司承销费 1 350 000 元（45 000 000×3％）、上网定价发行手续费 157 500 元及增值税款 90 450 元，该款项已由华龙证券公司转入本公司建设银行账户，已收到增值税专用发票。

(7) 4 日，因退还购房款，从建设银行提取现金 120 000 元。

要求：签发建设银行支票，＃AK079881。

(8) 4 日，爱信公寓 2 号楼 401 室购房人杨华上月已用现金付清全部房款 316 000 元及增值税款 31 600 元。现已办妥有关借款手续，其中 100 000 元房款改变付款方式(改用公积金贷款，已于本月 2 日收到)，以现金退还其房款 100 000 元。杨华收到款项当即出具收条。

(9) 4 日，经签订商品房出售合同(合同号：0981)并办理移交手续，爱信公寓 2 号楼 401 室交付购房人杨华。房款 316 000 元及增值税款 31 600 元已付清，结转杨华所付房款。

(10) 4 日，以现金收取爱信公寓 2 号楼 401 室业主杨华有关款项 2 863.69 元，内容如下：

明年上半年物业管理费 758.40 元(2.00×63.2×6)及增值税款 45.5 元；

代环卫部门收取建筑垃圾清运费 300 元；

按不配电梯的住宅的成本价的 2%收取首期房屋修缮基金 1 643.20 元(1 300×2%×63.2)。

要求：开具增值税普通发票，＃0062854。内容包括：物业管理费。杨华纳税人识别号：310107198209203456，地址、电话：南平路 286 号 506 室　65110000。

开具收据，＃11－4856813。内容包括：建筑垃圾清运费、房屋修缮基金。

(11) 5 日，经财产清查发现，盘亏笔记本电脑 1 台，账面原价 18 000 元，已提折旧 3 810 元。购入该电脑时发票上的增值税额为 2 880 元。

(12) 5 日，支付上海家美设计事务所众信大厦 E 楼建筑设计费 100 000 元及增值税款 6 000 元，并收到增值税专用发票。公司已于 2017 年 10 月 9 日预付了 370 000 元及增值税款 22 200 元，并同时收到增值税专用发票。成本项目：前期工程费。

要求：签发建设银行支票，＃AK079882。

将设计费计入众信大厦 E 楼开发成本。

(13) 5 日，收到上海佳丽美容化妆品公司交来支票，金额为 133 200 元(含增值税款 13 200 元)，系该公司本月租用立信大楼底层的租金，送存银行。立信大楼底层用于出租，已划分为投资性房地产核算，并按成本模式计价。

要求：填制建设银行进账单。

开具增值税专用发票，＃03961456。

上海佳丽美容化妆品公司纳税人识别号:913101011323071726，地址、电话:上海市延安西路 11 号 56541100，开户行及账号:工行长宁支行延西分处 208－84700019。

(14) 6 日，向爱信公寓 2 号楼 405 室业主沈弘出售装修材料，内容如下：

品　种	数　量	单价(元)	款项(元)
柳桉地板	90 m^2	175.50	15 660
柳桉木	2 m^3	5 382	10 672
油漆	10 桶	79.56	788.80
4 cm 水管	8 根	35.10	278.40
合　计	—	—	27 399.20

上述价款均含增值税，税率 16%，业主用现金支付。

要求：开具增值税普通发票，＃00628543。

沈弘纳税人识别号:310107196509178810，地址、电话:上海市中山南路 45 号 26507251。

(15) 6 日，收到购房人宋光明交来现金 22 000 元，系预付购买爱信公寓 3 号楼 208 室定金 20 000 元及增值税款 2 000 元。

要求：开具增值普通发票，♯00628544。宋光明纳税人识别号：310107198508221426，地址、电话：上海市宜山路 88 号 63216651。

(16) 6 日，汪玲原预付爱信公寓 2 号楼 603 室购房定金 20 000 元及房款 60 000 元，现要求退房。经营销部经理审批，以现金退还其预付房款 60 000 元及增值税款 6 000 元，但没收其已付定金 20 000 元及增值税款。

要求：按已收房款金额 60 000 元开具红字增值税普通发票，♯00628545，汪玲纳税人识别号：310107195207062451，地址、电话：上海市白玉兰路 100 号 37652111。

(17) 9 日，通过交通银行交纳上月未交的所得税 482 565.29 元、增值税 533 350 元、土地增值税 250 415 元、城市维护建设税 37 334.50 元、教育费附加 16 000.50 元、代交个人所得税 2 826 元。当即收到有关税金及附加缴款书收据联。其中：土地增值税以税法上的房产销售收入 1 252 075 元为基础，按预征率 2% 预缴，城市维护建设税以及教育费附加的金额内均已包括上月预收购房款应交的税金及附加。

(18) 9 日，支付上海市建筑工程质量监督站众信大厦工程质监费 58 622 元及增值税款 3 517.32 元，计入开发间接费。当即收到增值税专用发票。

要求：签发建设银行支票，♯AK079883。（为简化，自本张支票起，要求签发的支票均已填制完成）

(19) 9 日，预付上海新申建筑工程公司众信大厦 D 楼煤气管线铺设工程款 350 000 元及增值税款 35 000 元，当即收到增值税专用发票。

要求：签发建设银行支票，♯AK079884。

(20) 10 日，收到建设银行职工住房抵押贷款凭证回单，通知众信大厦 A 楼 901 室、902 室购房人金星按揭贷款 270 000 元及增值税款 27 000 元已划转入本公司建设银行账户。商品房尚未移交。

要求：开具增值税普通发票，♯00628545。（为简化，自本张增值税普通发票起，要求开具的增值税普通发票均已填制完成）

(21) 10 日，收到建设银行转来“商品房抵押贷款交存保证金通知书”一份，以及“特种转账借方凭证”一张，通知已从建设银行结算户划转保证金户 90 000 元。

(22) 10 日，营销部经理李强外出考察，预支差旅费 4 000 元，出纳开具一张支票。

要求：签发建设银行支票，♯AK079885。填制暂支单。

(23) 10 日，向上海东方广告公司支付委托办理报纸专题广告费 480 000 元及增值税款 28 800元。收到该公司开具的增值税专用发票。

要求：签发交通银行支票，♯AA057772。

(24) 11 日，将产权转让款 25 343 900 元，支付给虹梅房地产开发公司的原所有者永信股份有限公司。当即收到收据。

要求：签发建设银行支票，♯AK079886。

(25) 11 日，与运通租赁公司签订合同，向其融资租赁两辆桑塔纳轿车，经验收交付使用。租赁期限为 5 年。应付各期租金共计 460 000 元，分 5 年平均支付。第一期租金 92 000 元及增值税款 14 720 元于本日支付。当即收到租金增值税专用发票。两辆轿车在租赁开始日的公允价值和最低租赁付款额现值均为 410 790 元，且无初始直接费用等发生。

要求：签发建设银行支票，# AK079887。按实际利率法编制“未确认融资费用分摊表”。

(26) 11 日，支付给金盾保安公司爱信小区本月保安费 5 400 元(含税)。收到对方单位开来的普通发票。

要求：签发建设银行支票，# AK079888。

(27) 11 日，工程部副经理强英报销深圳出差费用 5 836 元，上月已预支备用金 5 000 元，出纳当即以现金补付差额。

(28) 12 日，支付上海建筑工程监理有限责任公司众信大厦 D 楼第一期监理费 89 000 元及增值税款 5 340 元。成本项目：开发管理费。当即收到增值税专用发票。

要求：签发建设银行支票，# AK079889。

(29) 12 日，经签订商品房出售合同(合同号：0982)并办理有关手续，众信大厦 A 楼第 1、第 2 层楼面房屋交付购房人长城证券公司。该批房屋总价款 6 220 000 元及增值税款 622 000 元已于上月付清，结转长城证券公司所付房款。长城证券公司要求开具增值税专用发票。

要求：开具售房增值税专用发票，# 03961457。开具增值税红字普通发票 # 00628547。一楼建筑面 700 m^2(扣除大厅面积)，每平方米售价4 200元；二楼建筑面积 800 m^2，每平方米售价为 4 100 元。

(30) 12 日，向丽汇建材经营公司购入装潢材料，货已入库。收到对方开具的增值税专用发票所列内容如下：

品　种	数　量	价款(元)	增值税额(元)
柳桉地板	1 532 m^2	191 500	30 640
柳桉木	8 m^3	36 000	5 760
夹板	2 000 张	96 000	15 360
油漆	100 桶	5 500	880
4 cm 水管	40 根	1 120	179.2
6 cm 水管	30 根	1 020	163.2
合　计	—	331 140	52 982.40

以上价款均不含增值税额。

要求：签发建设银行支票，# AK079890。

(31) 12 日，向大东物业管理公司支付本月办公用房的物业管理费 4 564 元及增值税款 273.84 元。取得该物业管理公司出具的增值税专用发票。

要求：签发交通银行支票，# AA057773。

(32) 13 日，根据“工资结算汇总表”，签发支票一张，金额为 121 158.50 元，委托建设银行办理代发工资转存信用卡业务，发放工资及其他款项共计 121 120.30 元，并支付银行手续费 38.20 元。工资发放清单以软盘形式同时送交银行，并经银行审核。

要求：签发建设银行支票，# AK079891。

(33) 13 日，根据“工资结算汇总表”，结转本月代扣各种款项共计 30 079.70 元。

(34) 13 日，根据“各项基金、经费计算表”和“各项基金、经费分配表”，计提、交付各种基金或经费。

要求：签发交通银行支票交付医疗保险费及生育、工伤保险费共计19 474元(其中：企业负担的生育、工伤保险费2 247元，医疗保险费14 231元，个人负担的医疗保险费2 996元)，#AA057774，收款人为徐汇区社会保险事业管理中心。

签发交通银行支票交付失业保险费共计1 503元(其中：企业负担749元，个人负担754元)，#AA057775，收款人为徐汇区失业保险基金专户。

填制行政拨交工会经费缴款书，通过交通银行交付本月工会经费共计3 780元。其中企业负担3 024元，个人负担756元，立信股份公司工会账号：022207－08945858，开户行工商银行徐汇支行建分处。上级工会为立信集团公司工会，账号：316049－00144136681，开户行上海城市合作银行上工银行。

(35) 13日，缴付职工住房公积金20 972元，其中企业负担的部分为10 486元，企业从职工工资中代扣代缴的部分为10 486元。

要求：签发建设银行支票，#AK079892。收款人：立信股份有限公司公积金专户。

填制上海市公积金汇缴书，公积金账号055122－881117878，上月汇缴也为20 972元。

(36) 16日，向信谊百货公司购入纪念金笔100支，收到增值税专用发票，列明价款120 000元和增值税额19 200元，货款未付。该批纪念金笔用于业务应酬。

(37) 16日，根据"工资结算汇总表"，进行应付职工薪酬的分配。

(38) 16日，行政管理部门购买了一批图书资料，收到增值税专用发票，金额共计987元(不含税)，增值税款98.7元，当即以现金付讫。

(39) 16日，缴付养老保险费41 944元，其中企业负担的部分为29 960元，企业从职工工资中代扣代缴部分为11 984元。

要求：签发建设银行支票，#AK079893。收款人：徐汇区社会保险事业管理中心。

(40) 17日，支付上海浦东给排水设备制造安装公司众信大厦B楼给排水工程款(成本项目：建安工程费)。根据该工程决算书，不含税决算金额为688 800元，增值税款68 880元。当即收到增值税专用发票。

要求：签发建设银行支票，#AK079894。

(41) 17日，预付宏润建设工程公司立信花苑工程备料款3 200 000元(不含税)，增值税款512 000元。当即收到增值税专用发票。

要求：签发建设银行支票，#AK079895。

(42) 17日，公司所拥有的莘民路H号地块土地使用权，账面摊余价值6 115 200元(已扣除本月摊销额)，经大明资产评估事务所评估价值后出具评估报告，根据协议以评估价6 355 200元作为对信达建筑材料装潢总汇的投资，并已办妥使用权变更手续。今支付闵行区房地产交易中心该土地使用权变更登记费200元和交易手续费34 600元，当即收到收据。另转让该土地使用权按税法规定应交土地增值税15 840元，公司开具增值税专用发票上的税额为635 520元。

根据投资合同及有关章程，立信股份有限公司的出资比例为15%，该项投资已得到投资各方的认可，且该地块的地理位置对信达建筑装潢总汇的经营有着重要作用。

要求：签发交通银行支票，#AA057776。开具增值税专用发票，#039614580。(为简化，自本张增值税专用发票起，要求开具的增值税专用发票均已填制完成)

(43) 17 日，按项目决算金额 920 000 元(115 000 元/台×8 台，每幢 4 台)的 95%支付上海美新建筑装潢公司众信大厦 B、C 两幢楼三菱电梯安装费 874 000 元及增值税款 87 400 元。该项工程尾款(5%)按合同作为质量保证金，待工程竣工期满 1 年时支付。当即收到决算全额 95%的增值税专用发票。成本项目：建安工程费。

要求：签发建设银行支票，# AK079896。

(44) 18 日，销售一批装潢材料给长城证券公司，对方开具 3 个月期限的商业承兑汇票一张，金额 220 980 元，所销装潢材料内容如下：

品　种	数　量	单价(元)	价款(元)	增值税额(元)
柳桉地板	1 000 m^2	150	150 000	24 000
柳桉木	8 m^3	4 600	36 800	5 888
油漆	40 桶	68	2 720	435.2
4 cm 水管	20 根	30	600	96
6 cm 水管	10 根	38	380	60.8
合　计	—	—	190 500	30 480

上述价款均不含增值税额。

(45) 18 日，支付给上海市房屋土地管理局 11 800 000 元，系为取得浦明路 F 号地块(规划建造立信花苑)土地使用权而支付的土地出让金(成本项目：土地转让及动迁补偿费)。当即收到收据。立信花苑工程项目本月起以出包方式开发。

要求：签发建设银行支票，# AK079897。

(46) 18 日，支付给浦东新区房屋土地管理局 212 000 元(含增值税款 12 000 元)，系为取得浦明路 F 号地块(规划建造立信花苑)土地使用权而支付的土地拍卖手续费(成本项目：土地转让及动迁补偿费)。当即收到增值税专用发票。

要求：签发建设银行支票，# AK079898。

(47) 18 日，经查，盘亏的笔记本电脑系不慎被盗造成，由分管经理批准，对本月盘亏的笔记本式电脑作转销处理。

(48) 19 日，支付长荣会计师事务所对众信大厦 C 楼土建工程审价费 70 100 元及增值税款 4 206 元。成本项目：开发管理费。当即收到该事务所开具的增值税专用发票。

要求：签发建设银行支票，# AK079899。

(49) 19 日，收到购房人江华会计师事务所交来银行本票一张，面额为 400 400 元，系支付购买众信大厦 A 楼第 18 层楼面最后一期房款 364 000 元及增值税款 36 400 元。

要求：填制建设银行进账单。

　　　开具房款增值税普通发票，# 00628548。

(50) 19 日，代付徐汇区第一环卫所爱信小区建筑垃圾清运费 30 000 元。收到环卫所开来的收据。

要求：签发交通银行支票，# AA057777。

(51) 19 日，支付象山建筑工程公司众信大厦 D 楼土建工程进度款(成本项目：建安工程费)及增值税款，金额分别为 2 000 000 元及 200 000 元。当即收到增值税专用发票。

要求：签发建设银行支票，# AK079900。

(52) 20 日，支付徐汇区人民法院民事诉讼费 4 350 元，收到该法院出具的专用收据。另支付浦东律师事务所民事代理费 14 500 元及增值税款 870 元，收到该事务所出具的增值税专用发票。

要求：签发交通银行支票，♯AA057778。

签发交通银行支票，♯AA057779。

(53) 20 日，向上海市徐汇区房产交易所购买商品房销售合同，以现金支付工本费 415 元。收到该房产交易所出具的收据。

(54) 20 日，经签订商品房出售合同(合同号：0983)并办理移交手续，众信大厦 A 楼第 18 层楼面交付购房人江华会计师事务所。房款 3 640 000 元及增值税款 364 000 元已付清，结转江华会计师事务所所付房款。江华会计师事务所要求开具增值税专用发票。

要求：开具增值税专用发票，♯03961460。开具增值税红字普通发票，♯00628549。该层楼建筑面积 800 m^2，每平方米售价为 4 550 元。

(55) 20 日，根据 2018 年 12 月 16 日立信股份有限公司 2018 年临时股东大会审议所通过的公司董事会提请批准的送红股方案，并经上海市证券管理办公室沪证办[2018]54 号文核准同意，实施对现有股份总额 75 000 000 股按 10∶1.2 的比例送红股(即以未分配利润转入股本)。股权登记日为 2018 年 12 月 20 日，除权及红股上市日为 2018 年 12 月 23 日(股东大会决议及有关批文略)。

股本变更情况如下：

变动前股本(金额)	本次送股增加(金额)	变动后股本(金额)
75 000 000	9 000 000	84 000 000

(56) 20 日，支付环球投资顾问有限公司售房中介费 25 000 元及增值税款 1 500 元。收到该公司开具的增值税专用发票。

要求：签发交通银行支票，♯AA057780。

(57) 20 日，经签订商品房预售合同(合同号：0860)，并收到众信大厦 B 楼 305 室(期房)购房人王霞芳交来现金 136 500 元预付房款及增值税款 13 650 元，占合同总价款的 30%。当即将现金存入银行。

要求：填制建设银行解款单。

开具增值税普通发票，♯00628550。

(58) 23 日，支付长荣会计师事务所送、配股验资费 15 000 元及增值税款 900 元。当即收到增值税专用发票。

要求：签发建设银行支票，♯AK079901。

(59) 23 日，购入贺卡 100 张赠送协作单位，金额 2 400 元，用现金支付。收到增值税专用发票。

(60) 23 日，收到建设银行短期借款计息单两张，结算本季度借款利息 1 211 250 元，上 2 个月已预提借款利息 773 500 元，款项已从基本存款账户中划付。向建设银行借款是为开发爱信大厦而借入，该项房产已完工并部分销售。

(61) 23 日，收到交通银行短期借款计息单一张，结算本季度借款利息 464 100 元，上 2 个月已预提借款利息 309 400 元，款项已从一般存款账户中划付。向交通银行借款的用途是开发爱信公寓，该项房产已完工并部分销售。

(62) 23 日，收到交通银行和建设银行的银行存款计息单，本季度存款利息收入分别为

17 848.78 元和 70 893.10 元，款项已划入存款账户。

(63) 24 日，物业管理部门定额备用金保管人周军报销购买维修工具及材料款项，出纳以现金付讫。收到开具的增值税专用发票。该物料当即由物业管理部门领用，内容如下：

品　种	数　量	单价(元)	价款(元)	增值税额(元)
管子钳	1 套	380	380	60.80
多用电工刀	5 套	15	75	12.00
角铁	20 根	18	360	57.60
白炽灯泡	50 只	6	300	48.00
合　计	—	—	1 115	178.40

以上价款均不含增值税。

(64) 24 日，购买印花税票 15 000 元。取得上海市税务局印花税票报销专用凭证。

要求：签发交通银行支票，＃AA057781。

(65) 24 日，支付信隆饭店租借董事会及股东大会会场会务费 27 540 元及增值税款 1 652.4 元。当即收到增值税专用发票。

要求：签发交通银行支票，＃AA057782。

(66) 25 日，收到长城证券公司交来支票，金额为 79 080 元，系收取下列款项：

明年 1～6 月物业管理费 18 000 元(2.00×1 500×6)及增值税款 1 080 元；

代环卫部门收取建筑垃圾清运费 1 500 元；

按房屋成本价的 3%收取首期房屋修缮基金 58 500 元(1 500×1 300×3%)。

收到江华会计师事务所交来支票，金额为 42 176 元，系收取下列款项：

明年 1～6 月物业管理费 9 600 元(2.00×800×6)及增值税款 576 元；

代环卫部门收取建筑垃圾清运费 800 元；

按房屋成本价的 3%收取首期房屋修缮基金 31 200 元(800×1 300×3%)。

已将上述支票送存银行。

要求：填制建设银行进账单。

开具增值税专用发票，＃03961461、＃03961462。内容包括：物业管理费。

开具收据，＃11－4856819、＃11－4856820。内容包括：建筑垃圾清运费、房屋修缮基金。

(67) 25 日，司机吴超前来报销总经理用车的汽油费、停车费等款项，共计 401.50 元(含增值税款 54 元)。出纳以现金支付，收到增值税专用发票。

(68) 25 日，支付给永绿园林公司爱信小区本月绿化管理费 4 000 元及增值税款 240 元。收到永绿园林公司开来的增值税专用发票。

要求：签发建设银行支票，＃AK079902。

(69) 25 日，支付象山建筑工程公司众信大厦 C 楼电气照明管线工程款 140 000 元(成本项目：建安工程费)及增值税款 14 000 元。该项工程已验收合格。当即收到增值税专用发票。

要求：签发建设银行支票，＃AK079903。

(70) 26 日，收到交通银行转来的供电局委托银行收款专用凭证。通知付讫本月电费 23 341.50元及增值税款 3 734.64 元，收到增值税专用发票。

(71) 26 日，收到上海市消防局消防处罚决定书，罚款额 18 000 元，系对众信大厦 A 楼未经消防验收而投入使用的处罚。

要求：签发交通银行支票，♯AA057783。

(72) 26 日，爱信小区改建垃圾库房由顺通建设工程公司(小规模纳税人)承接，工程价款50 000 元，由房屋修缮基金列支，增值税款 1 500 万元。现完工验收，支付工程款，已收到对方单位开来的增值税专用发票。

要求：签发建设银行支票，♯AK079904。

(73) 27 日，通过上海市慈善基金会徐汇区办事处向霞芳孤儿院捐款 100 000 元，收到对方开具的收据。

要求：签发交通银行支票，♯AA057784。

(74) 27 日，收到交通银行转来的委托银行收款专用凭证。通知付讫本月通信费共计7 728.86 元及增值税款 772.89 元。收到增值税专用发票。

(75) 27 日，向上海汽车贸易公司购买大客车 1 辆，支付款项，共计 165 180 元，其中：车价127 000 元，增值 20 320 元，购置附加费 12 700 元，牌照费 200 元，预付 1 年保险费3 690元及增值税款221.4 元。当即收到所有购车单据及增值税专用发票。与车辆购置有关事项均由该公司代理。客车经验收交付职工上下班使用。

要求：签发交通银行支票，♯AA057785。

(76) 27 日，收到建设银行通知，支付银行手续费 18.50 元。

(77) 30 日，与建设银行签订为期 3 个月的借款合同，金额 2 000 000 元。接到开户银行收账通知，借款已划转本公司建行账户。该项借款为开发立信花苑而借入。

(78) 30 日，经签订商品房出售合同(合同号：0984)并办理有关手续，爱信大厦1－D房屋交付购房人信恒保温瓶公司作为职工健身房，该套房屋不含税价款 420 000 元，增值税款42 000 元，当即一次付清，收到信恒保温瓶公司签发的支票一张。

要求：填制建设银行进账单。

开具增值税专用发票，♯03961463。1－D 室建筑面积 70 m²，每平方米售价均为6 000元。

(79) 30 日，根据“固定资产折旧计算表”，计提本月份固定资产折旧 151 930.30 元，明细如下：

工程部	21 135.66
物业管理部	51 618.60
行政及其他管理部门	79 176.04

(80) 30 日，本月应摊销土地使用权价值 10 400 元。

(81) 30 日，摊销应由本月负担的办公房装修费 14 200 元、出租房装修费 25 600 元。

(82) 30 日，摊销本年 11 月份预付应由本月负担的财产保险费 7 625.78 元，明细如下：

工程部	890.70 元
物业管理部	1 706.25 元
行政及其他管理部门	5 028.83 元

(83) 30 日，投资性房地产(出租房屋——立信大楼)本月应摊销 59 850 元，该公司对投资性房地产采用成本模式进行后续计量。

(84) 30 日，将预付账款中由本月负担的安置拆迁居民用房租赁费 233 169.94 元计入开发间接费。

(85) 30 日，按照众信大厦 A 楼建筑面积 14 400 m^2 乘以本市规定的出售公有住房单位成本价 1 300 元的 4%计提房屋修缮基金 748 800 元。成本项目：建安工程费。

(86) 30 日，将本月开发间接费按房产开发各项目本月发生的直接成本比例分摊，计入开发成本(成本项目：开发管理费)。直接成本是指开发间接费分配前各房产开发项目本月开发成本发生额。本月收购虹梅公司转入的房产开发项目不分摊本月的开发间接费用。

要求：编制开发间接费用分配表。

(87) 30 日，将已竣工验收的众信大厦 A 楼的开发成本结转为开发产品。

要求：编制开发成本计算表。

(88) 30 日，结转本月实现销售的商品房成本，有关成本资料如下：

商品房项目	建筑面积(m^2)	单位成本(元)
众信大厦(A 楼)	2 300	2 714
爱信公寓	63.2	3 100
爱信大厦	70	4 635.30

(89) 30 日，结转本月所销装潢材料的成本如下：

品　种	数　量	单位成本(元)
柳桉地板	1 090 m^2	127
柳桉木	4 m^3	4 500
	6 m^3	4 000
油漆	50 桶	51.4
4 cm 水管	28 根	28
6 cm 水管	10 根	34

(90) 30 日，将预收的本月物业管理费转为本月物业管理收入，明细如下：

房屋名称	已售面积(m^2)	至上月已预收(元)	本月转销(元)
爱信大厦	12 800	76 800	25 600
爱信公寓 1 号楼	1 750	10 500	3 500
2 号楼	1 825	14 600	3 650
3 号楼	1 675	16 750	3 350
合　计	—	118 650	36 100

(91) 31 日，营销部经理李强报销差旅费 3 013 元，收到一张税额为 56.6 元的增值税专用发票，出纳当即收到李强退还多余的现金 987 元。

(92) 31 日，分别按实缴增值税的 7%计提城市维护建设税，按实缴增值税的 3%计提教育费附加。

(93) 31 日，计算并结转本月应交房产税及土地使用税：

本月应计提房产税：

公司自用房应计提房产税：

$$\text{月初房产账面原值 } 8\,500\,000 \times (1-\text{扣除率 } 20\%) \times \frac{\text{年税率 } 1.2\%}{12}$$

公司出租房应计提房产税：本月租金收入×税率12％

本月应计提土地使用税：

年税额12元/m^2×1 200 m^2/12

(94) 31日，预提12月21日至31日短期借款利息224 400元。与借款有关的房产开发产品已完工，并部分销售。

(95) 31日，根据年末应收账款和其他应收款余额，按照账龄情况计提坏账准备。

账龄	半年 （含半年）	半年至1年 （含1年）	1年至2年 （含2年）	2年至3年 （含3年）	3年以上
计提比例	2％	5％	20％	50％	100％

要求：编制计提坏账准备计算表。为简化，假定该公司于每年年末计提坏账准备。

(96) 31日，收到接受投资单位报送的本年度利润表，有关资料如下：

接受投资单位名称	本公司出资比例	本年净利润
信恒保温瓶公司	80％	1 178 000.00元
信谊百货公司	15％	697 038.10元
信隆饭店	25％	2 001 488.96元

(97) 31日，分别收到信恒保温瓶公司和信谊百货公司的利润分配方案，其中：信恒保温瓶公司宣布向全体投资者分配现金股利500 000元，信谊百货公司向全体投资者分配现金股利200 000元。

(98) 根据本月销售房产确认的收入情况，比照土地增值税税法规定自行计提本月销售商品房应交的土地增值税共计549 059.04元。

(99) 31日，对本月利润总额进行纳税调整，填制全年企业所得税纳税申报表(1～11月累计已交所得税额为7 719 583.69元)，并按25％的所得税税率计算本月应交所得税税额。同时，按期末资产以及负债的账面价值和计税基础的差异，计算可抵扣或应纳税的暂时性差异，确定本期的所得税费用(注：该公司全年的职工薪酬总额未超过有关税法规定的纳税标准，发生的符合条件的广告费和业务宣传费支出，未超过当年营业收入的15％。1～11月利润表累计营业收入135 796 832.81元；1～11月累计业务招待费264 650元；所有的纳税调整事项均在12月调整)。

(100) 31日，将所有损益类账户余额结转至“本年利润”账户。

(101) 31日，按公司本年度实现净利润的10％提取法定盈余公积。

(102) 31日，将“本年利润”账户、“利润分配”其余各明细账户余额，转入“利润分配——未分配”账户。

注：立信股份有限公司对信隆饭店投资时，被投资的信隆饭店的可辨认资产、负债的公允价值与其账面价值之间的差额很小，因而按权益法确认投资收益时，不需要对信隆饭店本年度实现的净利润进行调整。

八、记录及证明经济业务发生的原始依据

（包括已填制完成的原始凭证和需要填制的空白凭证，均按经济业务顺序排列）

本部分内容包括增值税专用发票、服务业统一发票、行政事业性收费通用收据、固定资产折旧计算汇总表、财产物资盘盈盘亏报告单、财产保险单及保费结算凭证、工资结算汇总表、银行转账结算凭证、银行贷款划转凭证、银行计收（付）利息清单、税金缴款书、纳税申报表等外来或自制原始凭证。*

本册模拟实习还附有股份制企业产权交易以及增资配股核算的有关法律依据，包括产权交易合同、价值评估报告、股东大会决议、发行结果公告以及证监委核准公告等有关文件。

经济业务（1）

3100181130 **上海增值税专用发票** NO 00528181

发票联

3100181130
00528181

开票日期：2018 年 12 月 2 日

购货单位	名　　称：立信股份有限公司 纳税人识别号：310104520881172 地 址、电 话：零陵路 583 号　43966000 开户行及账号：建行徐汇支行　055122－00239022110	密码区	>865－＊<>>496/－9>＊＋542＊6<91235579－44>>7 ＊0＋303－1/01220＋46－>6＋444>＋5214－88524＋4－ 12＊<>>496/－9>＊＋542＊22</012146－>20143－ 54/01<＊6<930＋303－1/01214＋46－>6＋5323<1>1

货物或应税劳务、服务名称	规格型号	单　位	数　量	单　价	金　额	税　率	税　额
培训			1	960.00	960.00	6%	57.60
合　计					￥960.00	6%	￥57.60
价税合计（大写）	⊗壹仟零壹拾柒圆整				（小写）￥1 017.60		

销货单位	名　　称：上海延安饭店 纳税人识别号：913101057959727722 地 址、电 话：上海市延安路 123 号 56561111 开户行及账号：交行徐汇支行 097690－34286622442	备注	交行支票 AA057770 （印章：上海延安饭店 913101057959727722 发票专用章）

收款人：　　复核：　　开票人：关　文　　销货方：（章）

第三联：发票联　购货方记账凭证

---

* 在实际业务中，会计人员在审核原始凭证时，须注意：各种发票联是否已加盖当地税务局监制的“全国统一发票监制章”；各种收费收据是否已加盖当地财政局监制的“收费票据监制章”；各种税收缴款书是否已加盖国家税务总局监制的“税收票证监制章”。以上印章在本教材中从略。

本册会计模拟实习中所列示的有关文件、公告等，是根据实习需要，按照有关规定模拟编写而成的。

交通银行上海分行

支票号码：

签发日期　　年　　月　　日

收 款 人：

金　　额：

用　　途：

交通银行上海分行支票

支票号码：AA057770

签发日期　　年　　月　　日　　开户行名称：

收款人：　　签发人账号：

人民币（大写）	千	百	十	万	千	百	十	元	角	分

用途＿＿＿＿＿＿

上列款项请从

我账户内支付

签发人签章

复核

记账

验印

经济业务（2）

中国建设银行（公积金贷款）借款凭证（回　　单）③

单位编号：　　日期：2018年12月2日　　银行编号：

此联系收款单位收款通知

借款单位		收款单位	
名　　称	杨　华	名　　称	立信股份有限公司
放款户账号	937－805907181－000553	账　　号	055122－00239022110
开户银行	建行徐汇支行	开户银行	建行徐汇支行
借款期限（最后还款日）	2028年12月1日	借款计划指标	100,000

借款申请金额	人民币（大写）：壹拾万元整	千	百	十	万	千	百	十	元	角	分
			¥	1	0	0	0	0	0	0	0

借款原因及用途	购房	银行核定金额	千	百	十	万	千	百	十	元	角	分
				¥	1	0	0	0	0	0	0	0

期限	计划还款日期	✓	计划还款金额	分次还款记录	期次	还款日期	还款金额	结　欠
1	月还本833.33		月付息238.07					
2								
3								
4								

备　注：

中国建设银行上海市徐汇支行
业务专用章 18.12.2

上述借款业已同意贷给并转入你单位往来户账借款到期时应按期归还此致

借款单位

（银行盖章）2018年12月2日

上海市企业单位统一收据

11-4856811

年　　月　　日

交款单位＿＿＿＿＿＿＿＿＿＿＿＿＿＿＿＿

人民币（大写）＿＿＿＿＿＿＿＿＿＿＿＿＿＿　¥＿＿＿＿＿

系　　付＿＿＿＿＿＿＿＿＿＿＿＿＿＿＿＿

③记账联

现金	
支票	
付委	

收款单位（盖章有效）　　财务＿＿＿　经手人＿＿＿

经济业务(3)

资 产 负 债 表

会开地年 01 表

编制单位：虹梅房地产开发公司　　2018 年12 月1 日(兼并成交日)　　金额单位：元

资　　产	调整前余额	调整(评估)后余额	负债和所有者权益(或股东权益)	调整前余额	调整(评估)后余额
流动资产：			流动负债：		
货币资金	589 805.00	589 805.00	短期借款	10 000 000.00	10 000 000.00
交易性金融资产			交易性金融负债		
衍生金融资产			衍生金融负债		
应收票据及应收账款	427 500.00	427 500.00	应付票据及应付账款	2 150 000.00	2 150 000.00
预付款项	1 090 000.00	1 090 000.00	预收款项		
其他应收款			合同负债	7 569 700.00	7 569 700.00
存货	37 651 715.00	37 851 715.00	应付职工薪酬		
合同资产			应交税费		
持有待售资产			其他应付款		
一年内到期的非流动资产			持有待售负债		
其他流动资产			一年内到期的非流动负债		
流动资产合计	39 759 020.00	39 959 020.00	其他流动负债		
非流动资产：			流动负债合计	19 719 700.00	19 719 700.00
债权投资			非流动负债：		
其他债权投资			长期借款		
长期应收款			应付债券		
长期股权投资			其中：优先股		
其他权益工具投资			永续债		
其他非流动金融资产			长期应付款		
投资性房地产			预计负债		
固定资产	3 606 580.00	3 606 580.00	递延收益		
在建工程	610 000.00	610 000.00	递延所得税负债		
生产性生物资产			其他非流动负债		
油气资产			非流动负债合计	0.00	0.00
无形资产			负债合计	19 719 700.00	19 719 700.00
开发支出			所有者权益(或股东权益)：		
商誉			实收资本(或股本)	20 000 000.00	20 000 000.00
长摊待摊费用			其他权益工具		
递延所得税资产			其中：优先股		
其他非流动资产			永续债		
非流动资产合计	4 216 580.00	4 216 580.00	资本公积	3 325 900.00	3 525 900.00
			减：库存股		
			其他综合收益	930 000.00	930 000.00
			盈余公积		
			未分配利润		
			所有者权益(或股东权益)合计	24 255 900.00	24 455 900.00
资产总计	43 975 600.00	44 175 600.00	负债和所有者权益(或股东权益)总计	43 975 600.00	44 175 600.00

单位盖章　上海虹梅房地产开发公司　　　　制表人 肖红霞

说明：存货——开发成本(虹梅公寓)。

应收账款为应收出售商品房房款，调整前和调整后金额均为 247 500 元。

预付账款为预付的工程款。

应付账款为应付的工程款。

合同负债为预收的出售商品房房款。

“货币资金”项目中现金为 805 元，建设银行存款为 589 000 元。

“存货”项目全部为尚未完工的商品房开发成本。

上市挂牌号：G300SH00＊＊＊
合同编号：11021298

上海市产权交易合同

上海市工商行政管理局
上海市产权交易管理办公室
制定

本合同涉及的当事人和受托人

出让人(以下简称甲方)：永信股份有限公司

住所：上海市杨浦区控江路50×号　　电话：021-××××××××

法定代表人：章新泽　　职务：董事长

企业类型：股份有限公司(非上市)　　邮编：2000××

注册资本：肆仟万元

开户银行：上海浦东发展银行杨浦支行　　账号：068431-984106650××

受托经纪组织：上海勇达商务咨询有限公司　　电话：021-××××××××

受让人(以下简称乙方)：立信股份有限公司

住所：上海市零陵路583号　　电话：021-43966000

法定代表人：李顺达　　职务：董事长

企业类型：股份有限公司(上市)　　邮编：2000××

注册资本：陆仟万元

开户银行：中国建设银行徐汇支行　　账号：055122-00239022110

受托经纪组织：上海武忧商务咨询有限公司　　电话：021-××××××××

根据中华人民共和国法律法规和《上海市产权交易市场管理办法》的有关规定，甲、乙双方遵循自愿、公平、诚实信用的原则订立本合同，以资共同遵守。

鉴于：

1. 虹梅房地产开发公司成立于2002年1月8日，注册资金为人民币20 000 000元，系永信股份有限公司出资20 000 000元，占注册资本100%。

2. 经评估(审计)，截至2018年11月30日，虹梅房地产开发公司资产合计为人民币44 175 600元，负债合计为19 719 700元，净资产为24 455 900元。

3. 本次虹梅房地产开发公司的转让，各方当事人已被授权。

第一条　产权转让的标的

甲方将其所拥有的虹梅房地产开发公司有偿转让给乙方。

第二条　产权转让的价格

甲方将上述产权以人民币25 343 900元(大写：贰仟伍佰叁拾肆万叁仟玖佰元整)转让给乙方。

第三条　产权转让的方式

上述产权经资产评估确认后，通过上海联合产权交易所上市挂牌，采用协议转让的方式，确定受让人和转让价格，签订产权交易合同，实施产权交易。

第四条　产权转让涉及的企业职工安置

产权转让后，原虹梅房地产开发公司的工作人员由乙方另行安置，安置费用由乙方自行承担。

第五条　产权转让涉及的债权、债务的承继和清偿办法

产权转让涉及的原虹梅房地产开发公司的所有债务由乙方承担，所有债权由乙方享有。

与本次转让相关的对债权人、债务人的告知义务按《公司法》第一百八十四条执行。

第六条　产权转让中涉及的资产处置

乙方有权要求甲方将全部资产及相关的全部文件完整地移交给乙方，上述文件包括但不限于：产权证书、各种账目、账簿等；有关实物资产、债权、债务等由乙方进行验收核实后入账。

第七条　产权转让总价款的支付方式、期限和付款条件

乙方应在产权交易合同生效之日起8个工作日内，向甲方一次性付清产权转让款。

第八条　产权交割事项

双方当事人应于本合同经上海联合产权交易所出具产权交易凭证之日起10日内，完成产权转让的交割。

经甲、乙双方约定，交易基准日为2018年12月1日。由交易基准日起至产权或资产转让的完成日止，其间产生的盈利或亏损及风险由乙方承接。

第九条　权证的变更

经甲、乙双方协商和共同配合，在本合同经上海联合产权交易所出具产权交易凭证之日起30日内，向有关登记机关申请办理权证变更手续。

第十条　产权转让的税收和费用

产权转让中涉及的有关税收，按照国家有关法律规定缴纳。

产权转让中涉及的有关产权交易费用，由双方当事人各自支付。

第十一条　违约责任

1. 甲方未能按期完成产权转让的交割，或乙方未能按期支付产权转让的总价款，每逾期1日，应按总价款的0.1%向对方支付违约金。

2. 一方违约给另一方造成经济损失，且违约金不足以补偿其经济损失的，违约方需支付其经济损失的差额部分。

第十二条　争议的解决方式

甲、乙双方在履行本合同过程中若发生争议，可向上海联合产权交易所或上海市产权交易管理办公室申请调解；任何一方不愿调解或调解无效的，可向有管辖权的人民法院提起诉讼。

第十三条　合同的变更和解除

发生下列情形的，可以变更或解除合同：

1. 因情况发生变化，双方当事人经过协商同意，且不损害国家和社会公益利益的。

2. 因不可抗力因素致使本合同的全部义务不能履行的。

3. 因一方当事人在合同约定的期限内，因故没有履行合同，另一方当事人予以认可的。

4. 因本合同中约定的变更或解除合同的情况出现的。

甲、乙双方同意解除本合同，甲方应将乙方的已付款项全额返回给乙方。

本合同需变更或解除，甲、乙双方及其委托的产权经纪组织必须签订变更或解除合同的协议，并报上海联合产权交易所备案。

第十四条　甲、乙双方的承诺

1. 甲方向乙方承诺所转让的产权属真实、完整，没有隐匿下列事实：

(1) 执法机构查封资产的情形；

(2) 权益、资产担保的情形；

(3) 资产隐匿的情形；

(4) 诉讼正在进行中的情形；

(5) 影响产权真实、完整的其他事实。

2. 乙方向甲方承诺拥有完全的权利能力和行为能力进行产权受让，无欺诈行为。

3. 未经对方事先书面许可，任何一方不得泄露本合同中的内容。

第十五条　其他

上述条款若有未尽事项，由甲、乙双方协商后另行约定。

本合同由甲、乙双方及执业产权经纪人、产权经纪组织签字盖章，并经上海联合产权交易所审核盖章，出具产权交易凭证。

国家法律、法规对本合同生效另有规定的，从其规定。

“合同使用须知”和本合同所必备的附件，与本合同具有同等的法律效力。

本合同一式六份，甲、乙双方各执壹份，产权标的方执壹份，产权经纪组织各执壹份，上海联合产权交易所执壹份，上海市工商行政管理部门执壹份。

附件：

标的企业：营业执照、税务登记证、机构代码证、国资权证、章程、验资报告、股东会决议、审计报告、资产评估报告及备案表。

出让人：营业执照、税务登记证、机构代码证、国资权证说明、章程、股东会决议、批准文件、转让提示、法律意见书。

受让人：营业执照、税务登记证、机构代码证、章程、股东会决议、资产负债表。

出让人(甲方)：永信股份有限公司
(盖章)

法定代表人(签字)：章新泽

执业经纪人(签字)：张晓民

产权经纪组织(盖章)：
上海勇达商务咨询有限公司

签约地点：上海市黄浦区广东路 688 号

签约时间：2018 年 11 月 25 日

受让人(乙方)：立信股份有限公司
(盖章)

法定代表人(签字)：李顺达

执业经纪人(签字)：黄海鸥

产权经纪组织(盖章)：
上海无忧商务咨询有限公司

上海联合产权交易所(交易合同审核章)
2018 年 11 月 30 日

虹梅房地产开发公司
产权转让股东全部权益价值评估报告

沪银业资评报字(2018)第 A381 号

摘　要

以下内容摘自本评估报告书正文,欲了解本评估项目的详细情况和合理理解评估结论,应认真阅读本评估报告书正文。

项目名称:虹梅房地产开发公司整体转让全部权益价值评估报告

委托方:立信股份有限公司

委托方以外的其他评估报告使用者:除委托方之外,国家法律、法规明确的为实现与本次评估目的相关经济行为而需要使用本评估报告的相关当事方。

被评估企业:虹梅房地产开发公司

评估目的:产权转让

经济行为:虹梅房地产开发公司股东会议决议

评估对象:本次资产评估对象系截至 2018 年 11 月 30 日虹梅房地产开发公司的股东全部权益价值

评估范围:本次资产评估对象系截至 2018 年 11 月 30 日虹梅房地产开发公司经审计后的全部资产和负债

价值类型:市场价值

评估基准日:2018 年 11 月 30 日

评估方法:资产基础法和收益法

评估结论及其使用有效期:

1. 资产基础法评估结果。

净资产账面值 24 255 900 元,调整后账面值 24 255 900 元,评估值 24 455 900 元,(人民币大写:贰仟肆佰肆拾伍万伍仟玖佰元整)评估增值 200 000 元,评估增值率 0.82%。

2. 收益法评估结果。

经过收益法评估程序,估算得出虹梅房地产开发公司的评估价值为 24 555 900 元。

3. 评估结论的确定。

经分析,资产基础法确定的企业价值为 24 455 900 元,收益法验证的企业价值为 24 555 900 元,两者相差 100 000 元,属于正常范围。结合本次评估目的为产权整体转让项目,同时考虑到收益法评估结果主观因素较多,评估师认为采用资产基础法的评估结果更为合理。

评估人员最后选择成本法评估结果 24 455 900 元,(人民币大写:贰仟肆佰肆拾伍万伍仟玖佰元整)作为本次评估结论。

评估结果与调整后账面值的比较变动情况如下表所示:

资产评估结果汇总表

项　目	账面净值	调整后账面净值	评估值	增减值	增减率(%)
	A	B	C	D=C−B	E=D/B
流动资产	39 759 020	39 759 020	39 959 020	200 000	
固定资产	3 606 580	3 606 580	3 606 580		
在建工程	610 000	610 000	610 000		
资产总计	43 975 600	43 975 600	44 175 600	200 000	
流动负债	19 719 700	19 719 700	19 719 700		
非流动负债	0	0	0		
负债总计	19 719 700	19 719 700	19 719 700		
净资产	24 255 900	24 255 900	24 455 900	200 000	0.82%

本评估结论的使用有效期为2018年11月30日至2018年12月31日。

在使用本报告时,应注意评估报告特别事项说明和使用限制。

以上内容摘自评估报告正文,欲了解本评估项目的详细情况和合理理解评估结论,应当阅读评估报告正文。

上海银业资产评估有限公司

2018年11月30日

[由于篇幅限制,此处省略《虹梅房地产开发公司产权转让股东全部权益价值评估报告(正文)》]

上海联合产权交易所
Shanghai united assets and equity exchange
产权交易凭证(A类)
Tuansaction certificate (Type A)　　　NO. 0007937
(06版)(2006. version)

本凭证内容以产权交易各方主体提供的、并经受托机构核实的有关主体资格、产权归属、机构
Information contained on this certificate is simply an objective record of the relevant materials provided by involved and certified
决策或批准等文件均系真实、合法为前提条件,予以如实、客观记载。
by eligible agencies, such as names, qualifications, titles, various documents, etc.

<table>
<tr><td>合同编号
Contract No.</td><td>11021298</td><td>挂牌编号
Listing No.</td><td>G300SH00＊＊＊＊</td><td>签约日期
Conclusion date</td><td>2018-11-30</td></tr>
<tr><td>转让产权内容
Assets to be transferred</td><td colspan="5">虹梅房地产开发公司产权整体转让</td></tr>
<tr><td>出让方
Seller</td><td colspan="2">永信股份有限公司</td><td>受让方
Buyer</td><td colspan="2">立信股份有限公司</td></tr>
<tr><td>受托机构
Agency</td><td colspan="2">上海联合产权交易所</td><td>受托机构
Agency</td><td colspan="2">上海联合产权交易所</td></tr>
<tr><td colspan="6">转让产权于交易基准日相关指标:
Financials as on year month date　　资产总额 Total assets: 4417.56 万元
负债总额 1 971.97 万元
Total liablities:　　所有者权益 Equity: 2 445.59 万元</td></tr>
<tr><td>转让价格
Tranter price</td><td colspan="5">2 534 .39 万元(贰仟伍佰叁拾肆万叁仟玖佰元整)</td></tr>
<tr><td>支付方式
Payment methods</td><td colspan="5">转让价款一次性付款 场内结算</td></tr>
<tr><td>交易手续费
Transaction fee</td><td colspan="5">出让方支付金额: 32 671.95 元
Amount paid by seller:
受让方支付金额: 32 671.95 元
Amount paid by buyer:</td></tr>
<tr><td>交易机构
审核结论
SUAEE opinion</td><td colspan="5">依据产权交易的有关法律法规及相关规定,经审核,各方交易主体行使本次产权交易的行为符合交易的程序性规定,特出具产权交易凭证。
The whole process of the transaction is legitimate in procedure, therefore this certificate of transactions is issued.
上海联合产权交易所
Shanghai united assets and equity exchange
2018年11月30日</td></tr>
<tr><td>备注
Notes</td><td colspan="5"></td></tr>
</table>

上海国家税务局 上海地方税务局 监制

第三联 出让方留存

制单: 王东海(受理部)　　复核: 李文(受理部)
Prepared by:　　Proof Reading:
地址:上海市广东路689号三楼　　电话:(8621)63410000
Address: Floor 3,689 Guangdong Road, Shanghai 200001　　Tel(8621)63410000

制单日期:2018年12月1日

交通银行上海分行

支票号码：

签发日期　　年　　月　　日

收 款 人：

金　　额：

用　　途：

交通银行上海分行支票　支票号码：AA057771

签发日期　　　　年　　月　　日　开户行名称：

收款人：　　　　　　　　　　　　签发人账号：

人民币（大写）	千	百	十	万	千	百	十	元	角	分

用途____________

上列款项请从

我账户内支付

签发人签章

复核

记账

验印

立信股份有限公司
2018年度第一次临时股东大会决议公告

本公司及董事会全体成员保证信息披露的内容真实、准确、完整，没有虚假记载、误导性陈述或重大遗漏。

一、重要提示

本次会议召开期间没有增加、否决或变更提案。

二、会议召开的情况

召开时间：2018年10月15日上午十时；召开地点：上海市浦东区浦东大道88×号信隆饭店；召开方式：现场投票方式；召集人：立信股份有限公司董事会；主持人：李顺达董事长；会议的召开符合《公司法》、《上市公司股东大会规则》、《深圳证券交易所股票上市规则》及《公司章程》的有关规定。

三、会议的出席情况

股东(代理人)9人，代表股份43 750 000股，占上市公司总股份的72.92%。

公司董事、监事、高级管理人员及公司聘请的见证律师出席了本次股东大会。

四、提案审议和表决情况

与会股东(代理人)以现场记名投票方式，审议表决情况如下：

审议通过了《关于收购虹梅房地产开发公司的议案》；

同意43 750 000股，占出席会议股东有表决权总数的100%；反对0股；弃权0股。

五、律师出具的法律意见

律师事务所名称：上海奇元律师事务所；律师姓名：姜伍、吴依依；结论性意见：公司本次股东大会的召集、召开程序符合有关法律、行政法规、《上市公司股东大会规则》及《公司章程》的规定；出席本次股东大会人员的资格、本次股东大会召集人的资格合法有效；本次股东大会的表决程序及表决结果符合法律、行政法规、规章及《公司章程》的规定。

六、备查文件

与本次股东大会相关的股东大会决议、会议原始资料、董事会决议、会议通知、法律意见书等备置于公司董事会秘书办公室，供投资者及有关部门查阅。

特此公告。

立信股份有限公司董事会 2018年10月15日

经济业务(4)

中国建设银行上海市分行

支票号码：

签发日期　　年　　月　　日

收 款 人：

金　　额：

用　　途：

中国建设银行上海市分行**支票**

支票号码：AK079880

签发日期　　　　年　　月　　日　开户行名称：

收款人：　　　　　　　　　　　　签发人账号：

人民币（大写）	千	百	十	万	千	百	十	元	角	分

用途________

上列款项请从

我账户内支付

签发人签章

复核

记账

验印

上海增值税专用发票

3100172130　　NO 00626548

发票联

3100172130

00626548

开票日期：2018 年 12 月 2 日

购货单位	名　　称：立信股份有限公司 纳税人识别号：310104520881172 地 址、电 话：零陵路 583 号 43966000 开户行及账号：建行徐汇支行 055122－00239022110	密码区	>865－＊<>>496/－9>＊＋542＊6<46880345－54>>7 ＊0＋303－1/05432＋46－>6＋65－<66<468>5443/0－ 1＋303－1/01214＋46－>6＋5323<03－1>＋542541< ＊6<912365－＊<>>343/－9>＊＋5425>>343/－＋65－4

货物或应税劳务、服务名称	规格型号	单　位	数　量	单　价	金　额	税　率	税　额
众信大厦配套绿化工程			1	129 000.00	280 000.00	3%	8 400.00
合　计					¥280 000.00	3%	¥8 400.00
价税合计(大写)	⊗ 贰拾捌万捌仟肆佰圆整				(小写)¥288 400.00		

销货单位	名　　称：上海城市园艺工程公司 纳税人识别号：91310105352167875 5 地 址、电 话：上海市控江路 1080 号 78931212 开户行及账号：建行杨浦支行 984567－34289899676	备注	建行支票＃AK079880

（印章：上海城市园艺工程公司 913101053521678755 发票专用章）

收款人：　　　　复核：　　　　开票人：周子龙　　　　销货方：(章)

第三联：发票联　购货方记账凭证

经济业务(6)

3100156130

上海增值税专用发票

NO 00929084

发票联

3100156130
00929084

开票日期：2018 年 12 月 3 日

购货单位	名　　称：立信股份有限公司 纳税人识别号：310104520881172 地 址、电 话：零陵路 583 号 43966000 开户行及账号：建行徐汇支行 055122－00239022110	密码区	>909－*<>>496/－9>*+542*6<91236543－44>>7 *0+303－1/01214+46－>6+5323<03－1>/01<765 －9>*+542*6<912365－*<>>343/－9>*+54251 *8<91342342－1/01443+46－>6+6555424－45741

货物或应税劳务、服务名称	规格型号	单位	数量	单价	金额	税率	税额
承销			1	1 350 000.00	1 350 000.00	6%	81 000.00
上网定价发行手续			1	157 500.00	157 500.00	6%	9 450.00
合　计					¥1 597 950.00	6%	¥90 450.00
价税合计(大写)	⊗ 壹佰伍拾玖万柒仟玖佰伍拾圆整				(小写)¥1 597 950.00		

销货单位	名　　称：上海华龙证券公司 纳税人识别号：913101057989676633 地 址、电 话：上海市淮海中路 100 号 56852233 开户行及账号：工行黄浦支行淮海分处 022511－13301234	备注	上海华龙证券公司 913101057989676633 发票专用章

收款人：　　　　复核：　　　　开票人：金　月　　　　销货方：(章)

第三联：发票联　购货方记账凭证

贷记凭证(收账通知)

AM854807

签发日期：贰零壹捌年壹拾贰月零叁日

付款人	全　　称	上海华龙证券公司
	账　　号	022511－13301234
	开户银行	工行卢湾支行淮海分处
人民币：肆仟叁佰肆拾万贰仟零伍拾元整		
收款人	全　　称	立信股份有限公司
	账　　号	055122－00239022110
	开户银行	建行徐汇支行
用途：配股款 43 402 050 元		
收款人开户行盖章	中国建设银行上海市分行 徐汇支行业务专用章 18.12.3	

④ 此联作收款人收账通知

证券代码：800419　　　　　证券简称：立信股份　　　　　公告编号：2018－002

立信股份有限公司 2018 年股东大会的决议公告

本公司及董事会全体成员保证信息披露内容的真实、准确和完整，没有虚假记载、误导性陈述或者重大遗漏。

重要内容提示：

本次会议无否决提案的情况。

本次会议无新提案提交表决。

一、会议召开情况

立信股份有限公司 2018 年股东大会于 2018 年 4 月 20 日（星期三）下午 13：30 在信隆饭店召开，采用现场投票的方式。本次股东大会的召开符合《公司法》、《上市公司股东大会规则》、《上海证券交易所股票上市规则》、《公司章程》等法律、法规及规范性文件的有关规定。

二、会议的出席情况

参加本次股东大会的股东或股东代理人共计 164 人，代表股份数 4 080.2 万股，占公司有表决权股份总数的 68％。

会议由公司董事长李顺达先生主持，公司部分董事、监事、高级管理人员出席本次会议，上海奇元律师事务所俞颖律师对本次股东大会进行现场见证，并出具法律意见书。

三、议案审议和表决情况

经出席本次股东大会的全体股东表决，本次股东大会审议通过如下决议：

1. 审议通过了《公司 2017 年度工作报告与 2018 年度经营计划》。

2. 审议通过了《公司监事会 2017 年度工作报告》。

3. 审议通过了《公司 2017 年度财务决算和 2018 年度财务预算报告》。

4. 审议通过了公司 2017 年度利润分配方案：

经上海长荣会计师事务所审计确认，本公司 2017 年度实现净利润 21 273 540 元，依据《公司法》和《公司章程》的规定，提取 10％的法定盈余公积 2 127 354 元和提取 15％的任意公积金 3 191 031 元，加上 2017 年年初未分配利润 12 844 845 元，2017 年度可供股东分配的利润为 28 800 000 元，向全体股东按每 10 股派发红利 2 元（含税）计 12 000 000 元，剩余未分配利润 16 800 000 元，留转下年度分配。（本方案实施时间另行公告）

以上议案的表决均全票通过。

5. 审议通过《关于公司 2017 年度配股方案的议案》。

该议案的表决结果为：同意票 4 071.9 万股，占出席会议有表决权股份总数的 99.8％；反对票 8.3 万股，占出席会议有表决权股份总数的 0.2％；弃权票 0 股，占出席会议有表决权股份总数的 0％。

本次配股方案需报中国证券监督管理委员会核准后方可实施。

6. 审议通过《关于 2017 年配股募集资金使用可行性分析报告的议案》。

该议案的表决结果为：同意票 4 065.5 万股，占出席会议有表决权股份总数的 99.64％；反对票 13.5 万股，占出席会议有表决权股份总数的 0.33％；弃权票 1.2 万股，占出席会议有表决权股份总数的 0.03％。

四、律师出具的法律意见

1. 律师事务所名称：上海奇元律师事务所。

2. 律师姓名：俞颖、陈浩。

3. 结论性意见：本次股东大会的召集、召开程序符合有关法律、行政法规、《上市公司股东大会规则》及《公司章程》的规定；出席本次股东大会人员的资格、本次股东大会召集人的资格合法有效；本次股东大会的表决程序及表决结果符合法律、行政法规、规章及《公司章程》的规定。

五、备查文件

1. 股东大会决议。

2. 本次股东大会法律意见书。

特此公告。

立信股份有限公司董事会

二〇一八年四月二十日

证券代码：800419　　证券简称：立信股份　　公告编号：2018－014

立信股份有限公司 2017 年度配股发行结果公告

本公司董事会及全体董事保证本公告内容不存在任何虚假记载、误导性陈述或者重大遗漏，并对其内容的真实性、准确性和完整性承担个别及连带责任。

经中国证券监督管理委员会证监许可【2018】58 号文核准，立信股份有限公司（以下简称“发行人”或“公司”）向截至 2018 年 11 月 26 日（股权登记日）上海证券交易所收市后，在中国证券登记结算有限公司上海分公司登记在册的立信股份公司的全体股东（总股本 60 000 000 股），按照每 10 股配售 2.5 股的比例配售。本次配股网上认购缴款工作已于 2018 年 12 月 2 日结束。现将发行结果公告如下：

一、认购情况

本次配股共计可配售股份总数为 15 000 000 股，发行价格为 3.00 元/股。经上海证券交易所交易系统主机统计，并经中国证券登记结算有限责任公司上海分公司提供的网上认购数据验证，本次配股公开发行认购情况如下：

	股东认购合计	占可配售股份总数比例（%）
有效认购股数（股）	15 000 000	100
有效认购金额（元）	45 000 000	100

二、发行结果

根据本次配股发行公告，本次公司配股共计可配售股份总数为 15 000 000 股，全部采取网上定价发行方式，通过上海证券交易所交易系统进行，原股东按照每股人民币 3.00 元的价格，以每 10 股配售 2.5 股的比例参与配售。

最终的发行结果如下：

1. 截至股权登记日（2018 年 11 月 26 日）收市，公司股东持股总量为 60 000 000 股，截至认购缴款结束日（2018 年 12 月 2 日）有效认购数量为 15 000 000 股，认购金额为人民币 45 000 000 元，占本次可配股份总数 15 000 000 股的 100%，超过了中国证监会《上市公司证券发行管理办法》中关于“原股东认购股票的数量未达到拟配售数量百分之七十”视为发行失败的限制，故本次发行成功。

2. 本发行结果公告一经刊出，即视同向认购获得配售的所有股东送达获配的通知。

三、配股除权与上市

本公告见报当日（2018 年 12 月 3 日）即为发行成功的除权基准日（配股除权日），本次配股的获配股份上市时间将另行公告。

四、有关本次发行信息披露（略）

五、发行人及保荐机构（略）

发行人：立信股份有限公司

保荐机构（主承销商）：华龙证券股份有限公司

2018 年 12 月 3 日

证券代码：800419　　　　证券简称：立信股份　　　　公告编号：2018－008

立信股份有限公司关于配股申请获得中国证券监督管理委员会核准的公告

本公司及董事会全体成员保证信息披露内容的真实、准确和完整，没有虚假记载、误导性陈述或者重大遗漏。

立信股份有限公司（以下简称“公司”）于2018年8月20日收到中国证券监督管理委员会《关于核准立信股份有限公司配股的批复》（证监许可【2018】58号文件）。中国证券监督管理委员会对公司配股申请作出如下批复：

1. 核准公司以年初股份总数6 000万股按10∶2.5比例配股，即向全体股东共计配售1 500万股。

2. 本次发行股票应严格按照配股说明书及发行公告实施。

3. 批复自核准发行之日起6个月内有效。

4. 该批复自核准发行之日起至本次股票发行结束前，公司如发生重大事项，应及时报告中国证监会并按有关规定处理。

公司董事会将根据上述核准文件要求和股东大会的授权，在核准文件6个月的有效期内，尽快实施本次公开发行股票的相关事宜。

特此公告

立信股份有限公司董事会

二〇一八年八月二十日

经济业务(7)

中国建设银行上海市分行

支票号码：

签发日期　　年　月　日

收 款 人：

金　　额：

用　　途：

中国建设银行上海市分行**支票**　支票号码：AK079881

签发日期　　　年　月　日　　开户行名称：

收款人：　　　　　　　　　　签发人账号：

人民币 (大写)	千	百	十	万	千	百	十	元	角	分

用途__________

上列款项请从

我账户内支付

签发人签章

复核

记账

验印

经济业务(8)

收　据

今收到立信股份有限公司退还房款人民币壹拾万元整。

收款人　杨华

2018 年 12 月 4 日

（附本人身份证复印件）

经济业务(10)

上海增值税普通发票

3100216162　　NO 00628542

3100216162

00628542

开票日期：　年　月　日

购货单位	名　　称： 纳税人识别号： 地 址、电 话： 开户行及账号：	密码区	>909－＊<>>496/－9>＊＋542＊6<91236543－44>>7 ＊0＋303－1/01443＋46－>6＋65554－<>3>0345/0>9 09－＊<>>496/－9>＊＋542＊6<91236543－44>>745 ＊0＋303－1/01443＋46－>6＋65554－<>3>03－14514

货物或应税劳务、服务名称	规格型号	单　位	数　量	单　价	金　额	税　率	税　额
			1				
合　计							
价税合计(大写)				(小写)¥			

销货单位	名　　称： 纳税人识别号： 地 址、电 话： 开户行及账号：	备注	

收款人：　　复核：　　开票人：　　销货方：(章)

第一联：记账联　购货方记账凭证

上海市企业单位统一收据　　11-4856813

年　　月　　日

交款单位____________________________________

人民币(大写)____________________________________　¥__________

系　　付____________________________________

现金	
支票	
付委	

③记账联

收款单位(盖章有效)　　　　财务_____　经手人_____

经济业务(11)

立信股份有限公司财产物资账存实存对比表

类别：固定资产　　　　2018年12月5日　　　　金额单位：元

名称	型号	单位	单价	账面数		盘点数		盘盈		盘亏		备注
				数量	金额	数量	金额	数量	金额	数量	金额	
笔记本电脑		台	18 000	1		0				1		该电脑已提折旧3 810元，账面净值为14 190元。
合计	—	—	—	1		0						

原因分析：公司营销部门由于工作疏忽，不慎被盗。

单位(盖章)　立信股份有限公司财务专用章　　财务科负责人：柳青

审批意见：

年　月　日

制表：李进

经济业务(12)

3100156570

上海增值税专用发票

NO 00647021

发票联

3100156570
00647021

开票日期：2018 年 12 月 5 日

购货单位	名　　称：立信股份有限公司 纳税人识别号：310104520881172 地 址、电 话：零陵路 583 号 43966000 开户行及账号：建行徐汇支行 055122－00239022110	密码区	>909－＊<>>456/－9>＊＋542＊6<91233212－44>>7 ＊0＋303－1/01278＋46－>6＋678－542＊6<452－>10 09－＊<>>496/－9>＊＋542＊6<91236543－44>>745 ＊0＋303－1/01443＋46－>6＋65554－<>3>03－14514

货物或应税劳务、服务名称	规格型号	单位	数量	单价	金额	税率	税额
众信大厦 E 楼建筑设计			1	100 000.00	100 000.00	6%	6 000.00
合　计					¥100 000.00	6%	¥6 000.00
价税合计(大写)	⊗ 壹拾万陆仟圆整				(小写)¥1 06 000.00		

销货单位	名　　称：上海家美设计事务所 纳税人识别号：913101057967895435 地 址、电 话：上海市陆家浜路 10 号 12345566 开户行及账号：交行徐汇支行 982765－34288756332	备注	建行支票 AK079882 上海家美设计事务所 913101057967895435 发票专用章

收款人：　　复核：　　开票人：李　耳　　销货方：(章)

第三联：发票联　购货方记账凭证

中国建设银行上海市分行

支票号码：

签发日期　　年　　月　　日

收 款 人：

金　　额：

用　　途：

中国建设银行上海市分行支票　支票号码：AK079882

签发日期　　年　　月　　日　开户行名称：

收款人：　　签发人账号：

	千	百	十	万	千	百	十	元	角	分
人民币(大写)										

用途＿＿＿＿＿＿

上列款项请从

我账户内支付

签发人签章

复核

记账

验印

经济业务(13)

中国工商银行上海市分行支票

支票号码：AD178084

签发日期：贰零壹捌年壹拾贰月零伍日

开户行名称：工行长宁支行延西分处

收款人：立信股份有限公司

签发人账号：208－84700019

人民币（大写）	千	百	十	万	千	百	十	元	角	分
壹拾叁万叁仟贰佰元整		¥	1	3	3	2	0	0	0	0

用途房屋租金

上列款项请从

我账户内支付

签发人签章

上海佳丽美容化妆品有限公司财务专用章

周谷印桦

复核

记账

验印

中国建设银行上海市(　　)进账单(回单)

①

科目：　　20　年　月　日　对方科目：

此联由银行盖章后退回单位

收款单位	全称		款项来源	
	账号		款项种类	票据(分页填写)

人民币（大写）：	千	百	十	万	千	百	十	元	角	分

托收票据目录第1页共　页			款项性质	金额									他行票据·收妥入账
付款行交换号码	付款单位账号	凭证号码		百	十	万	千	百	十	元	角	分	
													(收款银行盖章)

注意：（1）解入票据须俟收妥后方可用款、（2）本联于款项收妥后代收账通知

3100216162

上海增值税专用发票

NO 03961456

此联不作报销、扣税凭证使用

3100216162
03961456

开票日期：　　年　月　日

购货单位	名　　称： 纳税人识别号： 地 址、电 话： 开户行及账号：			密码区	>878－＊<>>498/－9>＊＋542＊6<91232243－44>>7 ＊0＋675－1/333445＋46－>6＋324>>49865/0>＊＋ 2＊6<91232243－44>>7＊0＋675－1＊＋542＊78＋46 >6＋678－54296/－9>＊＋542＊6<91236543－－457		
货物或应税劳务、服务名称	规格型号	单　位	数　量	单　价	金　额	税　率	税　额
合　计							
价税合计(大写)					(小写)¥		
销货单位	名　　称： 纳税人识别号： 地 址、电 话： 开户行及账号：			备注			

收款人：　　复核：　　开票人：　　销货方：(章)

第一联：记账联　销货方记账凭证

经济业务(14)

3100216162

上海增值税普通发票

NO 00628543

3100216162
00628543

开票日期：　　年　月　日

购货单位	名　　称： 纳税人识别号： 地 址、电 话： 开户行及账号：			密码区	>909－＊<>>496/－9>＊＋542＊6<91236543－44>>7 ＊0＋303－1/01443＋46－>6＋6552365>＊＋542>90 9－＊<>>496/－>＊＋542＊6<912365434545544>>755＊ 0＋303－1/01443＋46－>6＋655>>798433445＋46－45		
货物或应税劳务、服务名称	规格型号	单　位	数　量	单　价	金　额	税　率	税　额
合　计							
价税合计(大写)					(小写)¥		
销货单位	名　　称： 纳税人识别号： 地 址、电 话： 开户行及账号：			备注			

收款人：　　复核：　　开票人：　　销售方：(章)

第一联：记账联　购货方记账凭证

经济业务(15)

3100216162 **上海增值税普通发票** NO 00628544

3100216162
00628544

开票日期：　年　月　日

购货单位	名　称： 纳税人识别号： 地 址、电 话： 开户行及账号：	密码区	>909－＊<>>496/－9>＊+542＊6<91236543－44>>7 ＊0+303－1/01443+46－>6+655>>798433445+46－ 4420555423<752>878－＊<>>498/－9>＊+542>>49 /33>6+32＊6<91232243－44>>7＊0+675－45/0>＊4

货物或应税劳务、服务名称	规格型号	单　位	数　量	单　价	金　额	税　率	税　额
合　计							
价税合计(大写)				(小写)¥			

销货单位	名　称： 纳税人识别号： 地 址、电 话： 开户行及账号：	备注	

收款人：　复核：　开票人：　销货方：(章)

第一联：记账联　购货方记账凭证

经济业务(16)

3100216162 **上海增值税普通发票** NO 00628545

3100216162
00628545

开票日期：　年　月　日

购货单位	名　称： 纳税人识别号： 地 址、电 话： 开户行及账号：	密码区	>909－＊<>>496/－9>＊+542＊6<91236543－44>>7 ＊0+303－1/0144474110013+46－>6+65544>>798 43－1234<>>496/－9>＊+542＊6<91236543－44>5 +46－>6+540+－96/－2＊6<912+303－1/07475844

货物或应税劳务、服务名称	规格型号	单　位	数　量	单　价	金　额	税　率	税　额
合　计							
价税合计(大写)				(小写)¥			

销货单位	名　称： 纳税人识别号： 地 址、电 话： 开户行及账号：	备注	

收款人：　复核：　开票人：傅　燕　销货方：(章)

第一联：记账联　购货方记账凭证

经济业务(17)

交通银行上海分行电子缴税付款凭证

转账日期：2018 年 12 月 9 日　　　　校验码：od7e5d11d12b3807eba91e376

纳税人全称及纳税人识别码：立信股份有限公司　310104520881172 付款人全称：立信股份有限公司	
付款人账号：066179－00149052250	征收机关名称：上海市税务局第四分局第六税务所
付款人开户银行：交通银行上海分行徐汇支行	收款国库名称：国家金库上海市徐
小写(合计)金额：1 322 491. 29	缴款书交易流水号：253799
大写(合计)金额：人民币壹佰叁拾贰万贰仟肆佰玖拾壹元贰角玖分	税票号码：219368245062

税(费)种名称	所属时期	实缴金额
企业所得税	2018－11	482 565.29
增值税	2018－11	533 350.00
企业土地增值税	2018－11	250 415.00
城市维护建设税	2018－11	37 334.50
教育费附加	2018－11	16 000.50
个人所得税	2018－11	2 826.00
合计		¥1 322 491.29

交通银行上海分行 徐汇支行 电子缴税转讫

立信股份有限公司

打印日期：2018. 12. 9

上列款项已办电子转账扣缴手续，与银行账单核对一致时有效　　作电子转账付款回单

复核　　记账

经济业务(18)

3100156139

上海增值税专用发票

NO 00617032

发票联

3100156139
00617032

开票日期：2018 年 12 月 9 日

购货单位	名　　称：立信股份有限公司 纳税人识别号：310104520881172 地 址、电 话：零陵路 583 号 43966000 开户行及账号：建行徐汇支行 055122－00239022110	密码区	>909－＊<>>456/－9> 9001298－44>>7＊0＋303－1 /01212＋46－642>6＋54645642＊＋542＊6<9123－ ＊6<91245303－1/12＋46－>6＋540＋－1/09807＋ 4＊679<916346239＊0＋303－1478＊457＊3324679

货物或应税劳务、服务名称	规格型号	单　位	数　量	单　价	金　额	税　率	税　额
众信大厦工程质监			1	58 622.00	58 622.00	6%	3 517.32
合　计					¥58 622.00	6%	¥3 517.32
价税合计(大写)	⊗×陆万贰仟壹佰叁拾玖元叁角贰分				(小写)¥62 139.32		

销货单位	名　　称：上海市建筑工程质量监督站 纳税人识别号：913101057978972156 地 址、电 话：上海市嘉善路 12 号 78412585 开户行及账号：建行徐汇支行 986897－34288798432	备注	建行支票 AK079883 上海市建筑工程质量监督站 913101057978972156 发票专用章

收款人：　　复核：　　开票人：易　谨　　销货方：(章)

第三联：发票联　购货方记账凭证

中国建设银行上海市分行

支票号码：AK 079883

签发日期 2018 年 12 月 9 日

收　款　人：上海市建筑工程质监站

金　　额：￥62 139.22

用　　途：工程质监费

中国建设银行上海市分行支票　支票号码：AK079883

签发日期贰零壹捌年拾贰月零玖日　开户行名称：建行徐汇支行

收款人：上海市建筑工程质监站　签发人账号：055122－00239022110

人民币（大写）		千	百	十	万	千	百	十	元	角	分
	陆万贰仟壹佰叁拾玖元贰角贰分			￥	6	2	1	3	9	2	2

用途工程质监费

上列款项请从

我账户内支付

签发人签章

立信股份有限公司财务专用章

尹力印

复核

记账

验印

经济业务(19)

上海增值税专用发票

3100154130　NO 00680723

发票联

3100154130
00680723

开票日期：2018 年 12 月 9 日

购货单位	名　　称：立信股份有限公司 纳税人识别号：310104520881172 地 址、电 话：零陵路 583 号 43966000 开户行及账号：建行徐汇支行 055122－00239022110	密码区	>909－＊<>>456/－9>＊＋542＊6<91239098－44>>7 ＊0＋303－1/01212＋46－>6＋546420＋－1/09807＋4 ＊679<916346239＊0＋303－1＊679<916－－>6＊＊＋6554 ＊5＊<689>>4096/549>＊>6＋431－6/－9>/01443＋46

货物或应税劳务、服务名称	规格型号	单　位	数　量	单　价	金　额	税　率	税　额
众信大厦 D 楼煤气管线铺设工程			1	350 000.00	350 000.00	10%	35 000.00
合　计					￥350 000.00	10%	￥35 000.00
价税合计（大写）	⊗ 叁拾捌万伍仟元整				（小写）￥385 000.00		

销货单位	名　　称：上海市建筑工程质量监督站 纳税人识别号：913101057978972156 地 址、电 话：上海市嘉善路 12 号 83669545 开户行及账号：建行徐汇支行 364556－34288798432	备注	建行支票 AK079883 上海市建筑工程质量监督站 913101057978972156 发票专用章

收款人：　　复核：　　开票人：易　谨　　销货方：（章）

第三联：发票联　购货方记账凭证

中国建设银行上海市分行
支票号码：AK 079884

签发日期 2018 年 12 月 9 日

收 款 人：上海新申建筑工程公司
金 额：¥385 000.00
用 途：煤气管线铺设款

中国建设银行上海市分行**支票** 支票号码：AK079884

签发日期贰零壹捌年拾贰月零玖日 开户行名称：建行徐汇支行

收款人：上海新申建筑工程公司 签发人账号：055122－00239022110

人民币（大写）	千	百	十	万	千	百	十	元	角	分
叁拾捌万伍仟元整		¥	3	8	5	0	0	0	0	0

用途煤气管铺设款
上列款项请从
我账户内支付
签发人签章

立信股份有限公司财务专用章

印 尹力

复核
记账
验印

经济业务(20)

中国建设银行(职工住房抵押贷款)借款凭证(回 单) ③

单位编号： 日期：2018 年 12 月 10 日 银行编号：

借款单位	名 称	金 星	收款单位	名 称	立信股份有限公司
	放款户账号	937－805908255－000982		账 号	055122－00239022110
	开户银行	建行徐汇支行		开户银行	建行徐汇支行
借款期限（最后还款日）		2028 年 12 月 9 日	借款计划指标		270 000
借款申请金额		人民币（大写）：贰拾柒万元整			千百十万千百十元角分：¥27000000
借款原因及用途		购 房	银行核定金额		千百十万千百十元角分：¥27000000

此联系收款单位收款通知

期限	计划还款日期	✓	计划还款金额	分次还款记录	期次	还款日期	还款金额	结 欠
1	月还本 2 250		月付息 1 303.39					
2								
3								
4								

备 注：

中国建设银行上海市徐汇支行
业务专用章 18.12.10

上述借款业已同意贷给并转入你单位往来户账借款到期时应按期归还此致
借款单位

（银行盖章）2018 年 12 月 10 日

3100216162　　**上海增值税普通发票**　　NO 00628546

3100216162
00628546

开票日期：2018 年 12 月 9 日

购货单位	名　　称：金星 纳税人识别号：310107198001232233 地 址、电 话：上海市乳山路 10 号 23558741 开户行及账号：	密码区	>909－*<>>496/－9>*+542*6<91236543－44>>7 *0+303－1*679<916－5*<689>>4096/549>*0+346－1 /09807+46－>6+431－6/－9>/01443+46－>6**+65* +542*6<912307+46－>6+4342455*<>>45512>142

货物或应税劳务、服务名称	规格型号	单　位	数　量	单　价	金　额	税　率	税　额
众信大厦 A 楼 901 室、902 室					270 000.00	10%	27 000.00
合　计					¥270 000.00	10%	¥27 000.00
价税合计(大写)	⊗ 贰拾玖万柒仟圆整				(小写)¥297 000.00		

销货单位	名　　称：立信股份有限公司 纳税人识别号：310104520881172 地 址、电 话：零陵路 583 号 43966000 开户行及账号：建行徐汇支行 055122－00239022110	备注	立信股份有限公司 310104520881172 发票专用章

收款人：　　复核：　　开票人：邹　波　　销货方：(章)

第一联：记账联　购货方记账凭证

经济业务(21)

中国人民建设银行

特种转账借方凭证

2018 年 12 月 10 日　　第 250 号

付款人	全　称	立信股份有限公司		收款人	全　称	立信股份有限公司
	账　号 或地址	055122－0023922110			账　号 或地址	055122－00279001111
	开户银行	建行徐汇支行	行号		开户银行	建行徐汇支行　行号
金　额	人民币 (大写)玖万元整				十亿千百十万千百十元角分	¥9000000
原凭证金额		赔偿金		会计分录：		
原凭证名称		号　码		科目(借)……		
转账原因	保证金	中国建设银行上海市分行 房地产信贷部房改业务章 18.12.10 银行盖章		对方科目(贷)…… 会计　复核　记账		

附件　　纸

中国建设银行上海市分行
商品房抵押贷款交存保证金通知书

立信　　房地产开发公司：

根据(18)建信房押字第338号商品房抵押贷款合同和销售商品房合作协议书约定，贵公司应按房价款的10%即90万元人民币提取保证金9万元交存入贵公司在我行开立的“担保保证金专户”。贵公司在接到该通知时，我行已从贵公司的结算户存款中划转上述款项。

特此通知

中国建设银行
上海市分行
房地产信贷部

2018年12月10日

注：本表一式四份：一份经办科、一份综合科、一份会计科、一份担保单位。

经济业务(22)

立信股份有限公司暂支单

No. 0148

年　月　日

受款人					
暂支事由					
暂支金额	人民币(大写)				
预计归还日期	年　月　日	现　金		支　票	

财会主管　尹力　记账　周君　出纳　孙悦　部门主管　李菊　制　单　黄楠　受款人签收　李强

中国建设银行上海市分行
支票号码：AK079885

签发日期　2018年12月10日

收 款 人：李强

金　　额：¥4 000.00

用　　途：暂支差旅费

中国建设银行上海市分行支票　支票号码：AK079885

签发日期　贰零壹捌年拾贰月壹拾日　开户行名称：建行徐汇支行

收款人：李强　签发人账号：055122-00239022110

	千	百	十	万	千	百	十	元	角	分
人民币(大写)肆仟元整				¥	4	0	0	0	0	0

用途差旅费

上列款项请从

我账户内支付

签发人签章

立信股份有限公司财务专用章

尹力印

复核

记账

验印

经济业务(23)

上海增值税专用发票

3100156530　　　　NO 00680421

发票联

3100156530
00680421

开票日期：2018 年 12 月 10 日

购货单位	名　　称：立信股份有限公司 纳税人识别号：310104520881172 地 址、电 话：零陵路 583 号 43966000 开户行及账号：建行徐汇支行 055122−00239022110	密码区	>909−*<>>123/−9>*+542*6<91239932−44>>74 *0+346−1/09807+46−>6+431−6/−9>*679<916− 52392+46−>6+542455*<>>455123/>42>909−*<>> *6<91239098−44>>7*0+303−1/0121+54642*4

货物或应税劳务、服务名称	规格型号	单 位	数 量	单 价	金 额	税 率	税 额
报纸专题广告			1	480 000.00	480 000.00	6%	28 800.00
合 计					¥480 000.00	6%	¥28 800.00
价税合计(大写)	⊗ 伍拾万捌仟捌佰元整				(小写)¥508 800.00		

销货单位	名　　称：上海东方广告公司 纳税人识别号：913101057329057328 地 址、电 话：上海市东方路 11 号 45624422 开户行及账号：交行浦东支行 017792−34288912578	备注	交行支票 AA057772 上海东方广告公司 913101057329057328 发票专用章

收款人：　　复核：　　开票人：王　烈　　销货方：(章)

第三联：发票联　购货方记账凭证

交通银行上海分行

支票号码：AA057772

签发日期 2018 年 12 月 10 日

收 款 人：上海东方广告公司

金　　额：¥508 800.00

用　　途：广告费

交通银行上海分行支票

支票号码：AA057772

签发日期　贰零壹捌年拾贰月壹拾日　　开户行名称：交行徐汇支行

收款人：上海东方广告公司　　签发人账号：066179－00149052250

人民币(大写)	千	百	十	万	千	百	十	元	角	分
伍拾万捌仟捌佰元整		¥	5	0	8	8	0	0	0	0

用途广告费

上列款项请从

我账户内支付

签发人签章

立信股份有限公司财务专用章

尹力印

复核

记账

验印

经济业务(24)

上海市企业单位统一收据

11-7975820

2018年12月11日

交款单位 立信股份有限公司

人民币(大写) 贰仟伍佰叁拾肆万叁仟玖佰元整 ￥25 343 900.00

系 付 受让虹梅房地产开发公司产权款项

②收据联

现金	
支票	✓
付委	

收款单位(盖章有效) 永信股份有限公司财务专用章

财务钟 山 经手人焦长珍

中国建设银行上海市分行

支票号码：AK079886

签发日期 2018年12月11日

收 款 人：永信股份有限公司

金 额：￥25 343 900.00

用 途：产权转让款

中国建设银行上海市分行支票 支票号码：AK079886

签发日期 贰零壹捌年拾贰月壹拾日 开户行名称：建行徐汇支行

收款人：永信股份有限公司 签发人账号：055122-00239022110

人民币(大写)		千	百	十	万	千	百	十	元	角	分
贰仟伍佰叁拾肆万叁仟玖佰元整	￥	2	5	3	4	3	9	0	0	0	0

用途产权转让款

上列款项请从

我账户内支付

签发人签章

立信股份有限公司财务专用章

印 尹力

复核

记账

验印

经济业务(25)

上海增值税专用发票

3100156079　　NO 00570914

发票联

3100156079
00570914

开票日期：2018 年 12 月 11 日

购货单位	名　　称：立信股份有限公司 纳税人识别号：310104520881172 地 址、电 话：零陵路 583 号 43966000 开户行及账号：建行徐汇支行 055122－00239022110	密码区	>909－＊<>>123/－9>＊＋542＊6<91239435－47>>8 ＊0＋375－1/09257＋78－>6＋4706＋470＊<>>12>87 8－＊<>>498/－9>＊＋542＊6<91232359－32>>8442 4＊0＋643－1/337894＋46－>6＋265>>1024＊556<54>

货物或应税劳务、服务名称	规格型号	单　位	数　量	单　价	金　额	税　率	税　额
桑塔纳轿车出租			2	46 000.00	92 000.00	16%	14 720.00
合　计					￥92 000.00	16%	￥14 720.00
价税合计(大写)	⊗ 壹拾万陆仟柒佰贰拾元整				(小写)￥106 720.00		

销货单位	名　　称：运通租赁公司 纳税人识别号：9131010465324325426 地 址、电 话：上海市金州路 93 号 37382211 开户行及账号：建行浦东支行 456443－34288982412	备注	建行支票 AK079887 （印章：运通租凭公司 9131010465324325426 发票专用章）

收款人：　　复核：杨　艳　　开票人：张　明　　销货方：(章)

第三联：发票联　购货方记账凭证

固定资产验收交接单

2018 年 12 月 11 日

固定资产名称	桑塔纳轿车	批准支出金额	460 000 元
规格型号	2000 型	固定资产原价	230 000×2
颜色、牌照	沪 A99851、沪 A99852 白色	购买日期	
计量单位	辆	验收日期	2018.12.11
数　量	2	使用部门	行政管理部
附属设备情况	/	折旧年限	5 年
备注：融资租入			

	管理部门	财务部门	使用(保管)部门	会签日期
验收会签	同意接收，交行政管理部使用 王兴	验收入账 柳青	同意接收 汪剑	2018.12.11

未确认融资费用分摊表

（实际利率为6%）

期数(年)	应付租赁本金现值余额① ＝上期应付租赁本金现值余额 －上期应付本金③	本期应付利息② ＝应付租赁本金现值余额 ①×期限×利率(6%)	本期应付本金现值③ ＝应付本期租赁费(92 000) －本期应付利息②
1(租赁当日)	410 790	0	92 000
2			
3			
4			
5			
合　计	—		

中国建设银行上海市分行
支票号码：AK079887

签发日期 2018 年 12 月 11 日

收 款 人：运通租赁公司

金　　额：￥106 720.00

用　　途：租赁款

中国建设银行上海市分行**支票** 支票号码：AK079887

签发日期贰零壹捌年拾贰月壹拾壹日　　开户行名称：建行徐汇支行

收款人：运通租赁公司　　签发人账号：055122－00239022110

人民币(大写)	千	百	十	万	千	百	十	元	角	分
壹拾万陆仟柒佰贰拾元整		￥	1	0	6	7	2	0	0	0

用途租赁款

上列款项请从

我账户内支付

签发人签章

立信股份有限公司财务专用章　　印 尹力

复核

记账

验印

经济业务(26)

上海增值税普通发票

3100156579　　NO 00570327

发票联

3100156579
00570327

开票日期：2018 年 12 月 11 日

购货单位	名　　称：立信股份有限公司 纳税人识别号：310104520881172 地 址、电 话：零陵路 583 号 43966000 开户行及账号：建行徐汇支行 055122－00239022110	密码区	>909-23/-9>＊+542＊6<91>>8＊0+375-156568 /09257+>>1239435-47>09<2452235＊0+345-1239 /0924878->6+470＊<+78->5+21042＊6<911544 /337894+46->6+265>>1024＊556<54>85522＊＊512

货物或应税劳务、服务名称	规格型号	单　位	数　量	单　价	金　额	税　率	税　额
保安			1	5 094.34	5 094.34	6%	305.66
合　计					￥5 094.34	6%	￥305.66
价税合计(大写)	⊗ 伍仟肆佰圆整				(小写)￥5 400.00		

销货单位	名　　称：金盾保安公司 纳税人识别号：913101046534869l242 地 址、电 话：上海市宛平南路 888 号 29263541 开户行及账号：建行徐汇支行 055122－002390325320	备注	建行支票 AK079888 金盾保安公司 913101046534869142 发票专用章

收款人：　　复核：　　开票人：魏　凡　　销货方：（章）

第二联：发票联　购货方记账凭证

中国建设银行上海市分行

支票号码：AK079888

签发日期　2018 年 12 月 11 日

收 款 人：金盾保安公司

金　　额：¥5 400.00

用　　途：保安费

中国建设银行上海市分行**支票**　支票号码：AK079888

签发日期贰零壹捌年拾贰月壹拾捌日　　开户行名称：建行徐汇支行

收款人：金盾保安公司　　签发人账号：055122－00239022110

人民币（大写）	千	百	十	万	千	百	十	元	角	分
伍仟肆佰元整				¥	5	4	0	0	0	0

用途保安费

上列款项请从

我账户内支付

签发人签章

立信股份有限公司财务专用章　　尹力印

复核

记账

验印

经济业务(27)

立信股份有限公司

外 埠 出 差 报 销 单

2018 年 12 月 11 日

出差人姓名	强　英	工作部门	工 程 部	预借金额	¥5 000.00
出差事由	联系业务	出差日期	11 月 25 日到 12 月 10 日	返回金额	/
出差地点	深圳	出差天数	16 天	应补金额	¥836.00

起程					到达					车船费		在途伙食津贴		通宵乘车补贴			住勤伙食补贴			住宿费	市内交通费	其他费用	
月	日	时	分	地点	月	日	时	分	地点	交通工具	金额	人/天	金额	票价	%	补贴	人/天	每天标准补助	金额			项目	金额
11	25	10	50	上海	11	25	12	50	深圳	飞机	1 230						1/16	15	240	2 700	436		
12	10	3	40	深圳	12	10	5	40	上海	飞机	1 230												
																			现金	付讫			
合计金额	(小写)5 836 元　各项费用小计										2 460								240	2 700	436		
	(大写)伍仟捌佰叁拾陆元整																						

附件 18 张

审核 柳青　　出纳 孙悦　　部门主管 杭琪　　报销人 强英

3100156580　　**上海增值税普通发票**　　NO 00690322

发票联

3100156580
00690322

开票日期：2018 年 12 月 11 日

购货单位	名　　称：立信股份有限公司 纳税人识别号：310104520881172 地 址、电 话：零陵路 583 号 43966000 开户行及账号：建行徐汇支行 055122－00239022110	密码区	>890－*<>>123/－9>*+542*6<91239234－47>>8 *0+345－1/09248+78－>5+21042*6<912391544 /337894+46－>6+265>>1024*556<54>85522**512 90－*<>>123/－9>*+542*6<91239234－47>>855

货物或应税劳务、服务名称	规格型号	单　位	数　量	单　价	金　额	税　率	税　额
住宿			1	2 547.17	2 547.17	6%	152.83
合　计					¥2 547.17	6%	¥152.83
价税合计(大写)	⊗ 贰仟柒佰圆整				(小写)¥2 700.00		

销货单位	名　　称：上海悦兴酒店有限公司 纳税人识别号：913101046534844512 地 址、电 话：上海市汶水路 180 号 12451036 开户行及账号：建行静安支行 055122－00255646798	备注	上海悦心酒店有限公司 913101046534844512 发票专用章

第二联：发票联　购货方记账凭证

收款人：　　复核：　　开票人：黄　莉　　销货方：（章）

经济业务(28)

上海增值税专用发票

3100156570　　　　NO 00690365

发票联

3100156570
00690365

开票日期：2018 年 12 月 12 日

购货单位	名　　称：立信股份有限公司 纳税人识别号：310104520881172 地 址、电 话：零陵路 583 号 43966000 开户行及账号：建行徐汇支行 055122－00239022110	密码区	>890－＊<>>123/－9>＊+542＊6<91239234－47>>8 ＊0+345－1/09248+78－>5+21042＊6<91239643－ 1/337894+46－>6+265>>1024＊556<54>85522＊＊5 90－＊<>>123/－9>＊+542＊6<91239234－47>>855

货物或应税劳务、服务名称	规格型号	单　位	数　量	单　价	金　额	税　率	税　额
众信大厦 D 楼第一期监理			1	89 000.00	89 000.00	6%	5 340.00
合　计					¥89 000.00	6%	¥5 340.00
价税合计(大写)	⊗ 玖万肆仟叁佰肆拾圆整				(小写)¥94 340.00		

销货单位	名　　称：上海建筑工程监理有限责任公司 纳税人识别号：91310104653484568 31 地 址、电 话：上海市张杨路 1180 号 12454536 开户行及账号：建行浦东支行 055122－00255646798	备注	建行支票 AK079889 (印章：上海建筑工程监理有限责任公司 913101046534845683 1 发票专用章)

收款人：　　复核：　　开票人：叶　芬　　销货方：(章)

第三联：发票联　购货方记账凭证

中国建设银行上海市分行

支票号码：AK079889

签发日期　2018 年 12 月 12 日

收 款 人：上海建筑工程监理公司

金　　额：¥94 340.00

用　　途：监理费

中国建设银行上海市分行支票　支票号码：AK079889

签发日期贰零壹捌年拾贰月壹拾贰日　　开户行名称：建行徐汇支行

收款人：上海建筑工程监理有限责任公司　签发人账号：055122－00239022110

人民币(大写)	千	百	十	万	千	百	十	元	角	分
玖万肆仟叁佰肆拾元整			¥	9	4	3	4	0	0	0

用途监理费
上列款项请从
我账户内支付
签发人签章

(印章：立信股份有限公司财务专用章)　(印章：尹力印)

复核
记账
验印

经济业务(29)

3100216162 **上海增值税专用发票** NO 03961457

此联不作报销、扣税凭证使用

3100181130
03961457

开票日期：　　年　月　日

购货单位	名　　称： 纳税人识别号： 地 址、电 话： 开户行及账号：	密码区	>878－*<>>498/－9>*＋542*6<91232359－32>>8 *0＋643－1/337894＋46－>6＋265>>1024*556<54>8 90－*<>>123/－9>*＋542*6<91239234－47>>855 *0＋345－1/09248＋78－>5＋21042*6<912394722

货物或应税劳务、服务名称	规格型号	单　位	数　量	单　价	金　额	税　率	税　额
合　计							
价税合计(大写)					(小写)		

销货单位	名　　称： 纳税人识别号： 地 址、电 话： 开户行及账号：	备注	

收款人：　　复核：　　开票人：　　销货方：(章)

第一联：记账联　销货方记账凭证

3100216162 **上海增值税普通发票** NO 00628547

3100216162
00628547

开票日期：2018年12月12日

购货单位	名　　称：长城证券公司 纳税人识别号：310225511415054 地 址、电 话：上海市大连路555号 62367820 开户行及账号：工行杨浦支行 267－03012345	密码区	>909－*<>>496/－9>*＋542*6<91236543－44>>7 *0＋303－1/01443＋46－>6＋655>>798433445＋46－ 4420555423<752>878－*<>>498/－9>*＋542>>49 /33>6＋32*6<91232243－44>>7*0＋675－45/0>*4

货物或应税劳务、服务名称	规格型号	单　位	数　量	单　价	金　额	税　率	税　额
众信大厦A楼第1、第2层楼面					－6 220 000	10%	－622 000
合　计					¥－6 220 000	10%	¥－622 000
价税合计(大写)	⊗负陆佰捌拾肆万贰仟圆整				(小写)¥－6 842 000		

销货单位	名　　称：立信股份有限公司 纳税人识别号：310104520881172 地 址、电 话：零陵路583号 43966000 开户行及账号：建行徐汇支行 055122－00239022110	备注	立信股份有限公司 310104520881172 发票专用章

收款人：　　复核：　　开票人：邹　波　　销货方：(章)

第一联：记账联　购货方记账凭证

经济业务(30)

上海增值税专用发票

发　票　联

3100111620

NO 02073444

3100111620
02073444

开票日期：2018 年 12 月 12 日

购货单位	名　　称：立信股份有限公司 纳税人识别号：310104520881172 地 址 、电 话：零陵路 583 号　43966000 开户行及账号：建行徐汇支行 055122－00239022110	密码区	>839－55<>>396/－9>＊＋ ＊<3309579 － 44>>7 ＊0＋33－1 /04120＋46－>6 ＋>0＊<4>＋78＋6

货物或应税劳务、服务名称	规格型号	单位	数量	单价	金额	税率	税额
柳桉地板	450×60×16	m^2	1 532	125	191 500.00	16%	30 640.00
柳桉木	2 500×850	m^3	8	4 500	36 000.00	16%	5 760.00
夹板	1 220×2 440	张	2 000	48	96 000.00	16%	15 360.00
合计					¥323 500.00	16%	¥51 760.00

价税合计(大写)	叁拾柒万伍仟贰佰陆拾元整	(小写)¥375 260.00

销货单位	名　　称：丽汇建材经营公司 纳税人识别号：310104010740133 地 址 、电 话：宜山路 2002 号　64133188 开户行及账号：工行徐汇支行 206－80214331	备注	支票＃AK079890

丽汇建材经营公司
310104010740133
发票专用章

收款人：　　复核：　　开票人：张梅　　销货单位：(章)

第三联 发票联 购货方记账凭证

经济业务(30)

上海增值税专用发票

发　票　联

3100111620

NO 02073445

3100111620
02073445

开票日期：2018 年 12 月　12 日

购货单位	名　　称：立信股份有限公司 纳税人识别号：310104520881172 地 址 、电 话：零陵路 583 号　43966000 开户行及账号：建行徐汇支行 055122－00239022110	密码区	>839－55<>>396/－ 9>3309579－44>>7 ＊0＋33－1 /04120＋46－>6 ＋>0＊<4>＋78>>62

货物或应税劳务、服务名称	规格型号	单位	数量	单价	金额	税率	税额
油漆	立邦漆	桶	100	55	5 500.00	16%	880.00
水管	4 cm	根	40	28	1 120.00	16%	179.20
水管	6 cm	根	30	34	1 020.00	16%	163.20
合计					¥7 640.00	16%	¥1 222.40

价税合计(大写)	捌仟捌佰陆拾贰元肆角整	(小写)¥8 862.40

销货单位	名　　称：丽汇建材经营公司 纳税人识别号：310104010740133 地 址 、电 话：宜山路 2002 号　64133188 开户行及账号：工行徐汇支行 206－80214331	备注	支票＃AK079890

丽汇建材经营公司
310104010740133
发票专用章

收款人：　　复核：　　开票人：张梅　　销货单位：(章)

第三联 发票联 购货方记账凭证

中国建设银行上海市分行

支票号码：AK079890

签发日期 2018 年 12 月 12 日

收 款 人：丽汇建材经营公司

金　　额：¥384 122.40

用　　途：购买装潢材料

中国建设银行上海市分行支票　支票号码：AK079890

签发日期贰零壹捌年拾贰月壹拾贰日　开户行名称：建行徐汇支行

收款人：丽汇建材经营公司　签发人账号：055122－0023022110

人民币（大写）	千	百	十	万	千	百	十	元	角	分
叁拾捌万肆仟壹佰贰拾贰元肆角整		¥	3	8	4	1	2	2	4	0

用途材料款

上列款项请从

我账户内支付

签发人签章

立信股份有限公司财务专用章　　尹力印

复核

记账

验印

经济业务(31)

上海增值税专用发票

3100156530　　NO 00733518

发票联

3100156530
00733518

开票日期：2018 年 12 月 12 日

购货单位	名　　称：立信股份有限公司 纳税人识别号：310104520881172 地 址、电 话：零陵路 583 号 43966000 开户行及账号：建行徐汇支行 055122－00239022110	密码区	>890－＊<>>123/－9>＊＋542＊6<91239234－47>>8 ＊0＋345248＋78－>5＋210908＋57632＋90－>8<872325 ＊0＋3541/09121＋95－>8555＋534－>9＋67<6145＊0＋3 4574－>8<87>447<68<>0996<>＊89007658＊>8555＋

货物或应税劳务、服务名称	规格型号	单　位	数　量	单　价	金　额	税　率	税　额
物业管理			1	4 564.00	4 564.00	6%	273.84
合　计					¥4 564.00	6%	¥273.84
价税合计（大写）	⊗ 肆仟捌佰叁拾柒圆捌角肆分				（小写）¥4 837.80		

销货单位	名　　称：大东物业管理公司 纳税人识别号：91310104668484224980 地 址、电 话：上海市东安路 520 号 23668452 开户行及账号：交行徐汇支行 066179－00149067850	备注	交行支票 AA057773

大东物业管理公司 91310104668484224980 发票专用章

收款人：　　复核：陆　佳　　开票人：武　丽　　销货方：（章）

第三联：发票联　购货方记账凭证

交通银行上海分行

支票号码：AA057773

签发日期 2018 年 12 月 12 日

收 款 人：大东物业管理公司

金　　额：¥4 837.84

用　　途：物业管理费

交通银行上海分行支票　支票号码：AA057773

签发日期贰零壹捌年拾贰月壹拾贰日　开户行名称：交行徐汇支行

收款人：大东物业管理公司　签发人账号：066179－00149052250

人民币（大写）	千	百	十	万	千	百	十	元	角	分
肆仟捌佰叁拾柒元捌角肆分				¥	4	8	3	7	8	4

用途物业管理费

上列款项请从

我账户内支付

签发人签章

立信股份有限公司财务专用章　　尹力印

复核

记账

验印

经济业务(32)

工资结算汇总表

2018年12月

金额单位：元

部门		工资	奖金	岗位津贴	应扣病假工资	应付工资	代扣款项							实发金额
							医疗保险费	失业保险费	养老保险费	住房公积金	工会会费	个人所得税	合计	
工程部		20 712	1 404	548.60		22 664.60	452	113	1 808	1 582	113.30	598	4 666.30	17 998.30
物业管理部		21 387	2 160	842.00	256	24 133.00	480	120	1 920	1 680	120.60	271	4 591.60	19 541.40
行政及其他管理部门	总师室	5 800	324	126.80		6 250.80	124	31	496	434	26.30	229	1 340.30	4 910.50
	预算部	6 785	648	250.00		7 683.00	152	38	608	532	38.40	108	1 476.40	6 206.60
	设计部	8 658	648	253.60		9 559.60	191	48	764	668.50	47.90	221	1 940.40	7 619.60
	市场开发部	9 060	648	252.90		9 960.90	198	49.5	792	693	49.80	259	2 041.30	7 919.60
	财务部	10 874	972	380.25		12 226.25	244	61	976	854	61.10	268	2 464.10	9 762.15
	公共关系部	4 350	324	125.80		4 799.80	94	24	376	329	23.10	202	1 048.10	3 751.70
	营销部	27 535	2 916	1 139.40	544	31 046.40	620	155	2 480	2 170	155.30	449	6 029.30	25 017.10
	行政管理部	21 100	1 620	628.65	473	22 875.65	441	114.5	1 764	1 543.50	120.20	498.70	4 481.90	18 393.75
	小计	94 162	8 100	3 157.40	1 017	104 402.40	2 064	521	8 256	7 224	522.10	2 234.70	20 821.80	83 580.60
合计		136 261	11 664	4 548.00	1 273	151 200.00	2 996	754	11 984	10 486	756	3 103.70	30 079.70	121 120.30

审核：柳 青　　　　制单：汪 亮

中国建设银行上海市分行

支票号码：AK079891

签发日期 2018 年 12 月 13 日

收 款 人：立信股份有限公司

金　　额：￥121 158.50

用　　途：工资款

中国建设银行上海市分行**支票** 支票号码：AK079891

签发日期贰零壹捌年拾贰月壹拾叁日　开户行名称：建行徐汇支行

收款人：立信股份有限公司职工工资户 签发人账号：055122－0023022110

人民币（大写）	千	百	十	万	千	百	十	元	角	分
拾贰万壹仟壹佰伍拾捌元伍角整		￥	1	2	1	1	5	8	5	0

用途工资款

上列款项请从

我账户内支付

签发人签章

立信股份有限公司财务专用章

印 尹力

复核

记账

验印

经济业务(34)

各项基金、经费计算表

2018 年 12 月　　　　单位：元

计提项目		计提基数	计提比例	计提金额
养老保险费		上年月平均工资总额 149 800	20%	29 960
医疗保险费	基本医疗保险费		7.5%	11 235
	地方附加保险费		2%	2 996
住房公积金			7%	10 486
失业保险费			0.5%	749
生育保险费			1%	1 498
工伤保险费			0.5%	749
工会经费		本月工资总额	2%	3 024
教育经费			1.5%	2 268
合　计		—	—	62 965

各项基金、经费分配表

部　　门	比　例	借　项	贷　项
工程部	14%	开发间接费用	8 815.10
物业管理部门	16%	主营业务成本	10 074.50
行政及其他管理部门	70%	管理费用	44 075.50
合　计	100%	—	62 965.00

审核：柳　青　　制单：汪　亮

交通银行上海分行

支票号码：AA057774

签发日期 2018 年 12 月 13 日

收 款 人：徐汇区社会保险事业管理中心

金　　额：￥19 474.00

用　　途：交付各项社保费

交通银行上海分行**支票** 支票号码：AA057774

签发日期贰零壹捌年拾贰月壹拾叁日　开户行名称：交行徐汇支行

收款人：徐汇区社会保险事业管理中心 签发人账号：066179－00149052250

人民币（大写）	千	百	十	万	千	百	十	元	角	分
壹万玖仟肆佰柒拾肆元整			￥	1	9	4	7	4	0	0

用途交付社保费

上列款项请从

我账户内支付

签发人签章

立信股份有限公司财务专用章

印 尹力

复核

记账

验印

交通银行上海分行
支票号码：AA057775
签发日期 2018年12月13日
收款人：徐汇区失业保险基金专户
金额：¥1 503
用途：交付失业保险费

交通银行上海分行支票 支票号码：AA057775

签发日期贰零壹捌年拾贰月壹拾叁日 开户行名称：交行徐汇支行
收款人：徐汇区失业保险基金专户 签发人账号：066179－00149052250

人民币（大写）	千	百	十	万	千	百	十	元	角	分
壹仟伍佰零叁元整				¥	1	5	0	3	0	0

用途交付失业保险费
上列款项请从
我账户内支付
签发人签章

立信股份有限公司财务专用章　尹力印

复核
记账
验印

行政拨交工会经费缴款书

①

缴款单位电话
缴款日期： 年 月 日 字第 号

每月最后缴款日期：十五日

所属月份		职工人数		本月工资总额		按2%计应拨交经费	¥

收入基层工会 工作费户		上解上级工会 工作费户		缴款单位	
户　名		户　名		户　名	
账　号		账　号		账　号	
开户行		开户行		开户行	
比　例	万 千 百 十 元 角 分	比　例	万 千 百 十 元 角 分	合 计	十 万 千 百 十 元 角 分
60%		40%			

合计金额人民币（大写）		上列款项已划转有关工会账户
缴款单位盖章： 年 月 日	工会委员会盖章： 年 月 日	银行盖章

第一联 由银行退缴款单位作回单

经济业务(35)

中国建设银行上海市分行
支票号码：AK079892
签发日期 2018年12月13日
收款人：立信股份有限公司公积金专户
金额：¥20 972.00
用途：职工住房公积金

中国建设银行上海市分行支票 支票号码：AK079892

签发日期贰零壹捌年拾贰月壹拾叁日 开户行名称：建行徐汇支行
收款人：立信股份有限公司公积金专户 签发人账号：055122－0023022110

人民币（大写）	千	百	十	万	千	百	十	元	角	分
贰万零玖佰柒拾贰元整			¥	2	0	9	7	2	0	0

用途职工住房公积金
上列款项请从
我账户内支付
签发人签章

立信股份有限公司财务专用章　尹力印

复核
记账
验印

上海市公积金汇缴书

年　月　日　　　　附清册　　张

单位名称		□汇缴：　年　月份
公积金账号		□补缴：　人数　人

缴交金额（大写）	十	万	千	百	十	元	角	分

上月汇缴		本月增加汇缴		本月减少汇缴		本月汇缴	
人数	金额	人数	金额	人数	金额	人数	金额

付款行	付款账号	支票号码

银行盖章

第一联　银行盖章后交单位记账

经济业务(36)

3100111897

上海增值税专用发票

NO 02083441

发　票　联

3100111897
02083441

开票日期：2018年12月15日

购货单位	名称：立信股份有限公司 纳税人识别号：310104520881172 地址、电话：零陵路583号　43966000 开户行及账号：建行徐汇支行 055122－00239022110			密码区	>855－*<>>396/－9*+342 *6<98765579－44>>7 *0+33－1/04120+46－>6 +098		
货物或应税劳务名称	规格型号	单位	数量	单价	金额	税率	税额
纪念金笔	EA－2010	支	100	1 200	120 000.00	16%	19 200.00
合计					¥120 000.00	16%	¥19 200.00
价税合计(大写)	壹拾叁万玖仟贰佰元整				(小写)¥139 200.00		
销货单位	名称：信谊百货公司 纳税人识别号：310101207113040 地址、电话：上海花园路1307号 62510039 开户行及账号：工行黄埔支行 216－3193201			备注	货款未付 （印章：信谊百货公司 310101207113040 发票专用章）		

收款人：　　复核：　　开票人：沈建国　　销货单位：(章)

第三联　发票联　购货方记账凭证

经济业务(37)

应付职工薪酬分配表

年　　月　　　　　　　　　　　　　　　　　　金额单位：元

部门 \ 借项 \ 贷项		应付工资
工程部	开发间接费用	
物业管理部门	主营业务成本	
行政及其他管理部门	管理费用	
合计		

经济业务(38)

3100110570

上海增值税专用发票

NO 00730209

发票联

3100110570
00730209

开票日期：2018 年 12 月 16 日

购货单位	名　　称：立信股份有限公司 纳税人识别号：310104520881172 地 址、电 话：零陵路 583 号 43966000 开户行及账号：建行徐汇支行 055122－00239022110	密码区	>890－＊<>>123/－9>＊＋542＊6<91287692－41>>6 ＊0＋365－09232＋90－>8＋57632＋90－>8<872325＊0＋3 54－1/09121＋95－>8＋534－>9＋67<6145＊0＋34574 65－1/09232＋90－>8＋5765－/0920＋9769>>84457

货物或应税劳务、服务名称	规格型号	单位	数量	单价	金额	税率	税额
科学技术图书		本	12	50.00	600.00	10%	60.00
一般图书		本	10	38.00	387.00	10%	38.70
合计					¥987.00	16%	¥98.70
价税合计(大写)	⊗壹仟零捌拾伍圆柒角				(小写)¥1 085.70		

销货单位	名　　称：中国科技图书公司 纳税人识别号：913101046685566879O 地 址、电 话：上海市河南中路 221 号 12563125 开户行及账号：中行黄浦支行 44353－34254544356	备注	中国科技图书馆 91310104668556687 90 发票专用章

收款人：　　　　复核：　　　　开票人：陈　晨　　　　销货方：(章)

第三联：发票联　购货方记账凭证

经济业务(39)

中国建设银行上海市分行

支票号码：AK 079893

签发日期 2018 年 12 月 16 日

收 款 人：徐汇区社保事业管理中心

金　　额：¥41 944.00

用　　途：缴付养老保险费

中国建设银行上海市分行支票

支票号码：AK079893

签发日期贰零壹捌年拾贰月壹拾陆日　　开户行名称：建行徐汇支行

收款人：徐汇区社会保险事业管理中心　签发人账号：055122－0023022110

人民币(大写)	千	百	十	万	千	百	十	元	角	分
肆万壹仟玖佰肆拾肆元整			¥	4	1	9	4	4	0	0

用途缴付养老保险费

上列款项请从

我账户内支付

签发人签章

立信股份有限公司财务专用章

印 尹力

复核

记账

验印

经济业务(40)

上海增值税专用发票

3100156550　　NO 00732109

发票联

3100156550
00732109

开票日期：2018 年 12 月 17 日

购货单位	名　　称：立信股份有限公司 纳税人识别号：310104520881172 地 址、电 话：零陵路 583 号 43966000 开户行及账号：建行徐汇支行 055122－00239022110	密码区	>890－＊<>>123/－9>＊＋542＊6<91287692－41>>6 ＊0＋365－1/09232＋90－>8＋5765－/0920＋9769>>8 90－＊<>>123/－9>＊＋542＊6<91287692－>>6＊0＋3 65－1/09232＋90－>8＋5765－1/0920＋9769>4584

货物或应税劳务、服务名称	规格型号	单　位	数　量	单　价	金　额	税　率	税　额
众信大厦 B 楼给排水工程			1	688 800.00	688 800.00	10%	68 880.00
合　计					¥688 800.00	10%	¥68 880.00
价税合计(大写)	⊗ 柒拾伍万柒仟陆佰捌拾圆整				(小写)¥757 680.00		

销货单位	名　　称：上海浦东给排水设备制造安装公司 纳税人识别号：9131010563244890076 地 址、电 话：上海市乳山路 588 号 63639987 开户行及账号：建行浦东支行 055133－0023024231	备注	建行支票 AK079894 (印章：上海浦东给排水设备制造安装公司 9131010563244890076 发票专用章)

收款人：　　复核：　　开票人：阮华颖　　销货方：(章)

第三联：发票联　购货方记账凭证

中国建设银行上海市分行
支票号码：AK 079894

签发日期　2018 年 12 月 17 日

收 款 人：上海浦东给排水设备制造安装公司

金　　额：¥757 680.00

用　　途：工程款

中国建设银行上海市分行支票　支票号码：AK079894

签发日期贰零壹捌年拾贰月壹拾柒日　　开户行名称：建行徐汇支行

收款人：上海浦东给排水设备制造安装公司　　签发人账号：055122－0023022110

人民币(大写)	千	百	十	万	千	百	十	元	角	分
柒拾伍万柒仟陆佰捌拾元整		¥	7	5	7	6	8	0	0	0

用途工程款
上列款项请从
我账户内支付
签发人签章

(印章：立信股份有限公司财务专用章)　(印章：尹力印)

复核
记账
验印

经济业务(41)

3100156540 **上海增值税专用发票** NO 00730677

发票联

3100156540
00730677

开票日期：2018 年 12 月 17 日

购货单位	名　　称：立信股份有限公司 纳税人识别号：310104520881172 地 址、电 话：零陵路 583 号 43966000 开户行及账号：建行徐汇支行 055122－00239022110
密码区	>890－＊<>>123/－9>＊+542＊6<61287654－41>>6 ＊0+354－1/09121+95－>8+534－>9+67<6145＊0+3 65－1/09232+90－>8+5765－/0920+9769>>84457 90－＊<>>123/－9>＊+542＊6<91287692－>>6＊0+3

货物或应税劳务、服务名称	规格型号	单 位	数 量	单 价	金 额	税 率	税 额
立信花苑工程备料款			1	3 200 000.00	3 200 000.00	16%	512 000.00
合 计					¥3 200 000.00	16%	¥512 000.00
价税合计(大写)	⊗ 叁佰柒拾壹万贰仟圆整				(小写)¥3 712 000.00		

销货单位	名　　称：宏润建设工程公司 纳税人识别号：913101023675434121 1 地 址、电 话：上海市梅山路 900 号 45652132 开户行及账号：工行浦东支行 456367－34254905234
备注	建行支票 AK079895 （印章：宏润建设工程公司 913101023675434121 1 发票专用章）

收款人：　　复核：　　开票人：张林一　　销货方：(章)

第三联：发票联 购货方记账凭证

中国建设银行上海市分行
支票号码：AK 079895
签发日期 2018 年 12 月 17 日

收 款 人：宏润建设工程公司
金　　额：¥3 712 000.00
用　　途：预付工程备料款

中国建设银行上海市分行**支票** 支票号码：AK079895

签发日期贰零壹捌年拾贰月壹拾柒日　　开户行名称：建行徐汇支行
收款人：宏润建设工程公司　　签发人账号：055122－0023022110

人民币(大写)	千	百	十	万	千	百	十	元	角	分
叁佰柒拾壹万贰仟元整	¥	3	7	1	2	0	0	0	0	0

用途工程备料款
上列款项请从
我账户内支付
签发人签章

（印章：立信股份有限公司财务专用章）（印章：尹力 印）

复核
记账
验印

经济业务(42)

3100216162 **上海增值税专用发票** NO 03961458

此联不作报销、扣税凭证使用

3100216162
03961458

开票日期：2018 年 12 月 17 日

购货单位	名　　称：信达建筑材料装潢总汇 纳税人识别号：310225511412014 地 址、电 话：上海市大宁兴路 12 号 62562101 开户行及账号：工行静安支行 267－03011111	密码区	>841－*<>>428/－9>*+521*6<91232459－32>>9 *0+643－1/327495+4<>>3657/－>*+534*9<256423 76－67>>9*0+3543024－2/08764345+354－>9+73 *6－>1+265*>5432－998+5522><9887<553345211

货物或应税劳务、服务名称	规格型号	单位	数量	单价	金额	税率	税额
莘民路 H 地块土地使用权					6 355 200.00	10%	635 520.00
合　计					￥6 355 200.00	10%	￥635 520.00
价税合计(大写)	⊗ 陆佰玖拾玖万零柒佰贰拾圆整				(小写)￥6 990 720.00		

销货单位	名　　称：立信股份有限公司 纳税人识别号：310104520881172 地 址、电 话：零陵路 583 号 43966000 开户行及账号：建行徐汇支行 055122－00239022110	备注	立信股份有限公司 投资入股 310104520881172 发票专用章

收款人：　　复核：　　开票人：邹　波　　销货方：(章)

第三联：发票联　购货方记账凭证

上海市财政局
行政事业性收费通用收据

No. 0806656

缴款单位：立信股份有限公司　　收款日期　2018 年 12 月 17 日

收费项目名称	收费标准	计费数量	十	万	千	百	十	元	角	分
莘民路 H 号地块使用权变更登记费						2	0	0	0	0
交易手续费				3	4	6	0	0	0	0
收　费　金　额　合　计			￥	3	4	8	0	0	0	0
合计金额(大写)零拾叁万肆仟捌佰零拾零元零角零分										

一收据

收费单位(盖章有效) 闵行区房地产交易中心财务专用章　　财务　田　林　　收款人　徐　敏

交通银行上海分行

支票号码：AA 057776

签发日期 2018 年 12 月 17 日

收 款 人：闵行区房地产交易中心

金　　额：￥34 800.00

用　　途：变更登记费、交易手续费

交通银行上海分行**支票**　支票号码：AA057776

签发日期贰零壹捌年拾贰月壹拾柒日　开户行名称：交行徐汇支行

收款人：　签发人账号：066179－00149052250

人民币（大写）	千	百	十	万	千	百	十	元	角	分
叁万肆仟捌佰元整			￥	3	4	8	0	0	0	0

用途支付变更登记费、交易手续费

上列款项请从

我账户内支付

签发人签章

立信股份有限公司财务专用章

印 尹力

复核

记账

验印

经济业务（43）

上海增值税专用发票

3100150576　NO 00530683

发票联

3100150576

00530683

开票日期：2018 年 12 月 17 日

购货单位		密码区	
名　　称：立信股份有限公司 纳税人识别号：310104520881172 地 址、电 话：零陵路 583 号 43966000 开户行及账号：建行徐汇支行 055122－00239022110			>890－＊<>>123/－9>＊633+54243－1121－41>>656－ /327495+46－>1+265＊>987>890＊<>>12457121－401 3/－9>＊+542＊5<61457＊0+＊5<6141>>6＊0+356 －3/09554+95－>9+676>890－＊<42＊5－>433357＊4

货物或应税劳务、服务名称	规格型号	单位	数量	单价	金额	税率	税额
众信大厦 B、C 两栋楼三菱电梯安装			1	874 000.00	874 000.00	10%	87 400.00
合　计					￥874 000.00	10%	￥87 400.00
价税合计（大写）	⊗ 玖拾陆万壹仟肆佰圆整				（小写）￥961 000.00		

销货单位	备注
名　　称：上海美新建筑装潢公司 纳税人识别号：913101043675894676 6 地 址、电 话：上海市南丹东路 70 号 12354528 开户行及账号：建行徐汇支行 224350－34254901210	建行支票 AK079896 上海美新建筑装潢公司 913101043675894676 6 发票专用章

收款人：　复核：　开票人：常　白　销货方：（章）

第三联：发票联　购货方记账凭证

中国建设银行上海市分行

支票号码：AK 079896

签发日期 2018 年 12 月 17 日

收 款 人：上海美新建筑装潢公司

金　　额：￥961 400.00

用　　途：支付电梯安装费

中国建设银行上海市分行**支票**　支票号码：AK079896

签发日期贰零壹壹年拾贰月壹拾柒日　开户行名称：建行徐汇支行

收款人：上海美新建筑装潢公司　签发人账号：055122－0023022110

人民币（大写）	千	百	十	万	千	百	十	元	角	分
玖拾陆万壹仟肆佰元整		￥	9	6	1	4	0	0	0	0

用途支付电梯安装费

上列款项请从

我账户内支付

签发人签章

立信股份有限公司财务专用章

印 尹力

复核

记账

验印

经济业务(44)

商业承兑汇票　2　ⅦⅡ

签发日期　贰零壹捌年拾贰月壹拾捌日　　第29号

付款人	全　称	长城证券公司		收款人	全　称	立信股份有限公司	
	账　号	019－71800873			账　号	055122－00239022110	
	开户银行	招商银行上海分行	行号		开户银行	建行徐汇支行	行号
汇票金额	人民币(大写)	贰拾贰万零玖佰捌拾元整			千百十万千百十元角分	¥22098000	
汇票到期日	贰零壹陆年零叁月壹拾捌日			交易合同号码	♯980031		

本汇票已经本单位承兑，到期日无条件支付票款。此致

收款人　　印 吴平

付款人盖章　长城证券公司财务专用章

负责　　经办　　2018年12月18日

长城证券公司财务专用章　　印 吴平

汇票签发人盖章

负责　　经办

此联收款人开户行随结算凭证寄付款人开户行作借方凭证附件

3100216162

上海增值税专用发票

NO 03961459

此联不作报销、扣税凭证使用

3100216162
03961459

开票日期：2018年12月18日

购货单位	名　　称：长城证券公司 纳税人识别号：310102123888765101 地 址 、电 话：河南南路108号　64531111 开户行及账号：招商银行上海分行019－71800873			密码区	>749－65<53＋>395/－ 23>31579　－>414>>7 ∗0＋3－1/020＋46－>62 ＋>0∗<4>＋73>>321		
货物或应税劳务、服务名称	规格型号	单位	数量	单价	金额	税率	税额
柳桉地板	450×60×16	m^2	1 000	150	150 000.00	16%	24 000.00
柳桉木	2 500×850	m^3	8	4 600	36 800.00	16%	5 888.00
油漆	立邦漆	桶	40	68	2 720.00	16%	435.20
水管	4 cm	根	20	30	600.00	16%	96.00
水管	6 cm	根	10	38	380.00	16%	60.80
合计					¥190 500.00	16%	¥30 480.00
价税合计(大写)	贰拾贰万零玖佰捌拾元整				(小写)¥220 980.00		
销货单位	名　　称：立信股份有限公司 纳税人识别号：310104520881172 地 址 、电 话：零陵路583号　43966000 开户行及账号：建行徐汇支行055122－00239022110			备注	商业承兑汇票ⅦⅡ(第29号)		

立信股份有限公司 310104520881172 发票专用章

收款人：　　复核：　　开票人：邹波　　销货单位：(章)

第一联　发票联　销货方记账凭证

经济业务(45)

上 海 市

土地使用权出让金收据

No. 0006178

2018年12月18日

单　位	立信股份有限公司
收款内容	根据土地使用权出让合同(2018)第84号
	出让　浦明路F号地块
缴款金额	美　元(大写)　／　　USD／
	人民币(大写)壹佰捌拾万元整
附　注	

第三联　收据联

收款单位(公章) 上海市房屋土地管理局财务专用章　　财务主管：朱　权　　收款人：王小春

中国建设银行上海市分行

支票号码：AK 079897

签发日期　2018年12月18日

收 款 人：上海市房屋土地管理局

金　　额：¥11 800 000.00

用　　途：支付土地出让金

中国建设银行上海市分行支票 支票号码：AK079897

签发日期贰零壹捌年拾贰月壹拾捌日　　开户行名称：建行徐汇支行

收款人：上海市房屋土地管理局　　签发人账号：055122－0023022110

人民币(大写)	亿	千	百	十	万	千	百	十	元	角	分
壹仟壹佰捌拾万元整	¥	1	1	8	0	0	0	0	0	0	0

用途支付土地出让金

上列款项请从

我账户内支付

签发人签章

立信股份有限公司财务专用章　　印 尹力

复核

记账

验印

经济业务(46)

上海增值税专用发票

3100156520　　　　NO 00530845

发票联

3100156520
00530845

开票日期：2018 年 12 月 18 日

购货单位		密码区	
名　　称：立信股份有限公司			>890－＊<>>123/－9>＊＋542＊5<61457121－41>>6
纳税人识别号：310104520881172			＊0＋356－3/09554＋95－>9＋67665>875<－87659>8
地 址、电 话：零陵路 583 号 43966000			90－＊<>>123/－9>＊＋542＊6<91287692－41>>641
开户行及账号：建行徐汇支行 055122－00239022110			＊0＋365－1/09232＋90－>8＋5765－1/0920＋9769>

货物或应税劳务、服务名称	规格型号	单 位	数 量	单　价	金　额	税　率	税　额
浦明路 F 号地块土地拍卖手续			1	200 000.00	200 000.00	6%	12 000.00
合　计					￥200 000.00	6%	￥12 000.00
价税合计(大写)	⊗ 贰拾壹万贰仟圆整				(小写)￥212 000.00		

销货单位	备注
名　　称：上海浦东新区房屋土地管理局	建行支票 AK079898
纳税人识别号：91310104367583452 32	上海浦东新区房屋土地管理局
地 址、电 话：上海市浦东南路 10 号 12354581	91310104367583452 32
开户行及账号：建行浦东支行 224350－34254996468	发票专用章

收款人：　　复核：　　开票人：李　玉　　销货方：(章)

第三联：发票联　购货方记账凭证

中国建设银行上海市分行

支票号码：AK 079898

签发日期　2018 年 12 月 18 日

收 款 人：浦东新区房屋土地管理局

金　　额：￥212 000.00

用　　途：支付土地开发费

中国建设银行上海市分行支票　支票号码：AK079898

签发日期贰零壹捌年拾贰月壹拾捌日　　开户行名称：建行徐汇支行

收款人：浦东新区房屋土地管理局　　签发人账号：055122－0023022110

人民币(大写)	亿	千	百	十	万	千	百	十	元	角	分
贰拾壹万贰仟元整			￥	2	1	2	0	0	0	0	0

用途支付土地开发费

上列款项请从

我账户内支付

签发人签章

立信股份有限公司财务专用章

印 尹力

复核

记账

验印

经济业务(47)

立信股份有限公司财产物资账存实存对比表

类别：固定资产　　　　2018年12月18日　　　　金额单位：元

名称	型号	单位	单价	账面数		盘点数		盘盈		盘亏		备注
				数量	金额	数量	金额	数量	金额	数量	金额	
笔记本电脑		台	18 000	1		0				1	14 190	该电脑已提折旧3 810元，账面净值为14 190元。
合计	—	—	—	1		0				1	14 190	

原因分析	审批意见
原因分析：公司营销部门由于工作疏忽，不慎被盗。 单位(盖章) 立信股份有限公司财务专用章　财务科负责人：柳青	审批意见： 按盘亏固定资产的会计制度规定处理。 副总经理：马海涛 2018年12月18日

制表：李　进

经济业务(48)

3100152570　　**上海增值税专用发票**　　NO 00540565

发票联

3100152570
00540565

开票日期：2018年12月19日

购货单位		密码区
购货单位	名　　称：立信股份有限公司 纳税人识别号：310104520881172 地 址、电 话：零陵路583号 43966000 开户行及账号：建行徐汇支行 055122—00239022110	>890-*<>>123/-9>*+435*5<61457121-41>>6 *0+357-3/09523+95->9+564>890-*<>>123/-9 *+542*6<61287654-41>>6*0+354-14587411 /09121+95->8+534->9+67<6145->90+9879-54

货物或应税劳务、服务名称	规格型号	单位	数量	单价	金额	税率	税额
众信大厦C楼土建工程审价			1	70 100.00	70 100.00	6%	4 206.00
合　计					¥70 100.00	6%	¥4 206.00
价税合计(大写)	⊗柒万肆仟叁佰零陆圆整				(小写)¥74 306.00		

销货单位		备注
销货单位	名　　称：长荣会计师事务所 纳税人识别号：9131010436743656987 地 址、电 话：上海市虹桥路100号 52523322 开户行及账号：建行长宁支行 224224—342542149865	建行支票 AK079899 (长荣会计师事务所 9131010436743656987 发票专用章)

收款人：　　复核：　　开票人：穆　青　　销货方：(章)

第三联：发票联　购货方记账凭证

上海长荣会计师事务所

长会师报字(18)第642号

关于立信股份有限公司"众信大厦C楼土建工程"竣工决算的审价报告

立信股份有限公司：

受贵公司委托，按有关政策法规和评定标准，我所对众信大厦C楼土建工程的竣工决算进行了审价。现报告如下：

该工程由象山建筑工程公司上海分公司以包工包料形式承建。决算送审价为15 945 000元，经审核审定价为14 543 000元，核减额为1 402 000元，核减率为8.8%。

附件：(一) 审价依据

(二) 工程项目审价明细计算表

(三) 需要说明的事项

上海长荣会计师事务所　　　　　　中国注册会计师

上海市建设工程 结算审价专用章	上海长荣 会计师事务所

陈　洁

二〇一八年十二月十九日

中国建设银行上海市分行

支票号码：AK 079899

签发日期　2018年12月19日

收　款　人：上海长荣会计师事务所

金　　额：¥74 306.00

用　　途：支付审价费

中国建设银行上海市分行**支票** 支票号码：AK079899

签发日期贰零壹捌年拾贰月壹拾玖日　　开户行名称：建行徐汇支行

收款人：上海长荣会计师事务所　　签发人账号：055122-0023022110

人民币(大写)	千	百	十	万	千	百	十	元	角	分
柒万肆仟叁佰零陆元整			¥	7	4	3	0	6	0	0

用途支付审价费

上列款项请从

我账户内支付

签发人签章

复核

记账

验印

经济业务(49)

中国工商银行　　ⅢX 018694
第　　号

本　票　1

付款期 壹个月

签发日期(大写)贰零壹捌年壹拾贰月壹拾玖日

收款人：立信股份有限公司		
凭票即付　人民币(大写)肆拾万零肆佰元整		
转✓账	现　金	科目(付) 对方科目(收) 兑付日期　年　月　日 出纳　复核　经办
中国建设银行上海市分行 静安支行业务章 18.12.19 签发银行盖章		

此联签发行结清本票时作付出传票

中国建设银行上海市(　　)进账单(回单)　①

科目：　　　　　　　　　　20　　年　　月　　日　　对方科目：

此联由银行盖章后退回单位

收款单位	全　称		款项来源	
	账　号		款项种类	票据(分页填写)

人民币：（大写）

千	百	十	万	千	百	十	元	角	分

托收票据目录第1页共　页			款项性质	金　额								他行票据·收妥入账
付款行交换号码	付款单位账号	凭证号码		百	十	万	千	百	十	元	角	分
												（收款银行盖章）

注意：（1）、解入票据须俟收妥后方可用款
（2）本联于款项收妥后代收账通知

上海增值税普通发票

3100216162　　　　NO 00628548

3100216162
00628548

开票日期：2018年12月19日

购货单位	名　　称：江华会计师事务所 纳税人识别号：912541235871012149 地 址、电 话：上海市徐家汇路888弄2号 46552222 开户行及账号：建行徐汇支行 055122－002390445510	密码区	>878－*<>>498/－9>*＋523*6<91232459－32>>9 *0＋643－1/327495＋46－>1＋265*>987>890*<>>12 3/－9>*＋542*5<61457121－41>>6*0＋356－347 /09554＋95－>9＋67665>875<－＋876598<875＋9881

货物或应税劳务、服务名称	规格型号	单位	数量	单价	金　额	税　率	税　额
众信大厦A楼第18层					¥364 000.00	10%	36 400.00
合　计					¥364 000.00	10%	¥36 400.00
价税合计(大写)	⊗ 肆拾万零肆佰圆整				(小写)¥400 400.00		

销货单位	名　　称：立信股份有限公司 纳税人识别号：310104520881172 地 址、电 话：零陵路583号 43966000 开户行及账号：建行徐汇支行 055122－00239022110	备注	最后一期房款 立信股份有限公司 310104520881172 发票专用章

收款人：　　　　复核：　　　　开票人：邹　波　　　　销货方：(章)

第一联：记账联　销货方记账凭证

经济业务(50)

上海市财政局
行政事业性收费通用收据

No. 0945671

缴款单位：立信股份有限公司　　　　收款日期　2018年12月19日

收费项目名称	收费标准	计费数量	收费金额 十	万	千	百	十	元	角	分
爱信小区建筑垃圾清运费	300元/户	100户	¥	3	0	0	0	0	0	0
收费金额合计			¥	3	0	0	0	0	0	0
合计金额(大写)零拾叁万零仟零佰零拾零元零角零分										

一收据

收费单位(盖章有效)　徐汇区第一环卫所财务专用章　　财务　刘晓兰　　收款人　张　震

交通银行上海分行
支票号码：AA 057777
签发日期2018年12月19日

收款人：徐汇区第一环卫所
金　额：¥30 000.00
用　途：支付建筑垃圾清运费

交通银行上海分行支票

支票号码：AA057777

签发日期贰零壹捌年拾贰月壹拾玖日　　开户行名称：交行徐汇支行

收款人：徐汇区第一环卫所　　签发人账号：066179－00149052250

人民币(大写)	千	百	十	万	千	百	十	元	角	分
叁万元整			¥	3	0	0	0	0	0	0

用途支付垃圾清运费

上列款项请从
我账户内支付
签发人签章

立信股份有限公司财务专用章

印 尹力

复核
记账
验印

经济业务(51)

上海增值税专用发票

3100156579　　　　NO 00230675

发票联

3100156579
00230675

开票日期：2018年12月19日

购货单位	名　　称：立信股份有限公司 纳税人识别号：310104520881172 地 址、电 话：零陵路583号 43966000 开户行及账号：建行徐汇支行 055122－00239022110	密码区	>890－*<>>443/－1>*+357*5<61478671－41>>6 *0+357－3/09545+95－>6446>765433678><75567 +878－>0979<987+9875>878－*<>>498/－9>*+52 3*6<91232459－32>>9*0+643－1/327495+46－>

货物或应税劳务、服务名称	规格型号	单位	数量	单价	金额	税率	税额
众信大厦D楼土地工程			1	2 000 000.00	2 000 000.00	10%	200 000.00
合　计					¥2 000 000.00	10%	¥200 000.00
价税合计(大写)	⊗贰佰贰拾万元整				(小写)¥2 200 000.00		

销货单位	名　　称：象山建筑工程公司 纳税人识别号：913101059674365543 8 地 址、电 话：上海市中山西路20号 67689966 开户行及账号：建行徐汇支行 224224－34325714458	备注	建行支票 AK079900 （象山建筑工程公司 913101059674365543 8 发票专用章）

收款人：　　复核：　　开票人：韩羽　　销货方：(章)

第三联：发票联　购货方记账凭证

中国建设银行上海市分行

支票号码：AK 079900

签发日期 2018年12月19日

收 款 人：象山建筑工程公司

金　　额：¥2 200 000.00

用　　途：支付工程款

中国建设银行上海市分行**支票**　支票号码：AK079900

签发日期贰零壹捌年拾贰月壹拾玖日　　开户行名称：建行徐汇支行

收款人：象山建筑工程公司　　签发人账号：055122－0023022110

人民币(大写)	千	百	十	万	千	百	十	元	角	分
贰佰贰拾万元整	¥	2	2	0	0	0	0	0	0	0

用途支付工程款

上列款项请从

我账户内支付

签发人签章

（立信股份有限公司财务专用章）　（尹力印）

复核

记账

验印

经济业务(52)

上海市人民法院诉讼收费专用收据

No. 0048545

单位名称：立信股份有限公司　　收款日期：2018年12月20日

收费项目	案号	案由	百	十	万	千	百	十	元	角	分	备注
诉讼费	11—2061#				¥	4	3	5	0	0	0	
					¥	4	3	5	0	0	0	

人民币(大写)肆仟叁佰伍拾元整

收款单位(盖章有效)　　财务负责人　李俊　　收款人　杨莉　　承办人　杨磊

第二联　交款者收据

上海市徐汇区人民法院
财务专用章

3100156550

上海增值税专用发票

NO 00540546

发票联

3100156550
00540546

开票日期：2018年12月19日

购货单位	名　　称：立信股份有限公司 纳税人识别号：310104520881172 地 址、电 话：零陵路583号 43966000 开户行及账号：建行徐汇支行 055122－00239022110	密码区	>890－＊<>>123/－9>＊＋435＊5<61457121－41>>6 ＊0＋357－3/09523＋95－>9＋564＊＋87698－＊0759＋－ 3/09523＋95－>9＋56480<22>89067－＊764＋435 ＊58451474/09523＋95－>9＋56480<＊＋435＊555

货物或应税劳务、服务名称	规格型号	单位	数量	单价	金额	税率	税额
民事代理			1	14 500.00	14 500.00	6%	870.00
合计					￥14 500.00	6%	￥870.00
价税合计(大写)	⊗壹万伍仟叁佰柒拾元整				(小写)￥15 370.00		

销货单位	名　　称：上海市浦东律师事务所 纳税人识别号：91310104468365432 地 址、电 话：上海市浦东南路600号 56458521 开户行及账号：交行浦东支行 224224－342542149865	备注	交行支票 AA057778 （章：上海市浦东律师事务所 91310104468365432 发票专用章）

收款人：　　复核：　　开票人：　　销货方：(章)

第三联：发票联 购货方记账凭证

交通银行上海分行

支票号码：AA 057778

签发日期 2018年12月20日

收 款 人：上海市浦东律师事务所

金　　额：￥15 370.00

用　　途：支付民事代理费

交通银行上海分行支票

支票号码：AA057778

签发日期贰零壹捌年拾贰月贰拾日　　开户行名称：交行徐汇支行

收款人：上海市浦东律师事务所　　签发人账号：066179－00149052250

人民币(大写)	千	百	十	万	千	百	十	元	角	分
壹万伍仟叁佰柒拾元整			￥	1	5	3	7	0	0	0

用途支付民事代理费

上列款项请从

我账户内支付

签发人签章

（章：立信股份有限公司财务专用章）（印：尹力）

复核

记账

验印

交通银行上海分行

支票号码：AA 057779

签发日期 2018年12月20日

收 款 人：上海市徐汇区人民法院

金　　额：￥4 350.00

用　　途：支付诉讼费

交通银行上海分行支票

支票号码：AA057779

签发日期贰零壹捌年拾贰月贰拾日　　开户行名称：交行徐汇支行

收款人：上海市徐汇区人民法院　　签发人账号：066179－00149052250

人民币(大写)	千	百	十	万	千	百	十	元	角	分
肆仟叁佰伍拾元整				￥	4	3	5	0	0	0

用途支付诉讼费

上列款项请从

我账户内支付

签发人签章

（章：立信股份有限公司财务专用章）（印：尹力）

复核

记账

验印

经济业务(53)

上海市行政事业单位统一收据

（适用于非行政事业性收入）

No. 0206121

2018年12月20日

今收到　立信股份有限公司

现金收讫

交　来　合同工本费

人民币(大写)　肆佰壹拾伍元整

¥415.00

收款单位公章　上海市徐汇区房产交易所财务专用章　　收款人签章　张　文

二　收据联

经济业务(54)

3100216162

上海增值税专用发票

NO 03961460

此联不作报销、扣税凭证使用

3100216162
03961460

开票日期：2018年12月20日

购货单位	名　　称：江华会计师事务所 纳税人识别号：912541235871012149 地 址、电 话：上海市徐家汇路888弄2号 46552222 开户行及账号：建行徐汇支行 055122—002390445510	密码区	>841－＊<>>428/－9>＊＋521＊6<91232459－32>>9 ＊0＋643－1/327495＋4<>>3657/－>＊＋534＊9<256423 76－67>>9＊0＋3543024－2/08764345＋354－>9＋73 ＊6－>1＋265＊>5432－998＋5522><9887<553345211

货物或应税劳务、服务名称	规格型号	单　位	数　量	单　价	金　额	税　率	税　额
众信大厦A楼第18层					¥3 640 000.00	10%	364 000.00
合　计					¥3 640 000.00	10%	¥364 000.00
价税合计(大写)	⊗ 肆佰万零肆仟圆整				(小写)¥4 004 000.00		

销货单位	名　　称：立信股份有限公司 纳税人识别号：310104520881172 地 址、电 话：零陵路583号 43966000 开户行及账号：建行徐汇支行 055122—00239022110	备注	已付清全部房款 立信股份有限公司 310104520881172 发票专用章

收款人：　　复核：　　开票人：邹　波　　销货方：(章)

第一联：记账联　销货方记账凭证

3100216162 **上海增值税普通发票** NO 00628549

3100216162
00628549

开票日期：2018 年 12 月 20 日

购货单位	名　　称：江华会计师事务所 纳税人识别号：912541235871012149 地 址、电 话：上海市徐家汇路 888 弄 2 号 46552222 开户行及账号：建行徐汇支行 055122－002390445510	密码区	>909－＊<>>496/－9>＊＋542＊6<91236543－44>>7 ＊0＋303－1/01443＋46－>6＋655>>798433445＋46－ 4420555423<752>878－＊<>>498/－9>＊＋542>>49 /33>6＋32＊6<91232243－44>>7＊0＋675－45/0>＊4

货物或应税劳务、服务名称	规格型号	单位	数量	单价	金额	税率	税额
众信大厦 A 楼第 18 层					－3 640 000.00	10%	－364 000.00
合计					￥－3 640 000.00	10%	￥－364 000.00
价税合计(大写)	⊗ 负肆佰万零肆仟圆整				(小写)￥－4 004 000.00		

销货单位	名　　称：立信股份有限公司 纳税人识别号：310104520881172 地 址、电 话：零陵路 583 号 43966000 开户行及账号：建行徐汇支行 055122－00239022110	备注	立信股份有限公司 310104520881172 发票专用章

收款人：　　复核：　　开票人：邹　波　　销货方：(章)

第一联：记账联　销货方记账凭证

经济业务(56)

3100156469 **上海增值税专用发票** NO 00640763

发票联

3100156469
006400763

开票日期：2018 年 12 月 20 日

购货单位	名　　称：立信股份有限公司 纳税人识别号：310104520881172 地 址、电 话：零陵路 583 号 43966000 开户行及账号：建行徐汇支行 055122－00239022110	密码区	>890－＊<>>123/－9>＊＋435＊5<61457121－41>>6 ＊0＋357－3/09523＋95－>9＋56480<22>89067－870 3－1/01333＋78－>8＋636＋>080<224058030>8444－4 90－＊<>>123/－9>＊＋435＊5<61457121－41>－654

货物或应税劳务、服务名称	规格型号	单位	数量	单价	金额	税率	税额
售房中介			1	25 000.00	25 000.00	6%	1 500.00
合计					￥25 000.00	6%	￥1 500.00
价税合计(大写)	⊗ 贰万陆仟伍佰元整				(小写)￥26 500.00		

销货单位	名　　称：环球投资顾问有限公司 纳税人识别号：91310102153343456 地 址、电 话：上海市中山西路 2000 号 23285522 开户行及账号：交行徐汇支行 234225－342542679890	备注	交行支票 AA057780 环球投资顾问有限公司 91310102153343456 发票专用章

收款人：　　复核：　　开票人：张　山　　销货方：(章)

第三联：发票联　购货方记账凭证

交通银行上海分行
支票号码：AA 057780

签发日期 2018 年 12 月 20 日

收 款 人：环球投资顾问有限公司
金　　额：￥26 500.00
用　　途：支付中介服务费

交通银行上海分行支票　支票号码：AA057780

签发日期贰零壹捌年拾贰月贰拾日　　开户行名称：交行徐汇支行

收款人：环球投资顾问有限公司　　签发人账号：066179－00149052250

人民币（大写）贰万陆仟伍佰元整	千	百	十	万	千	百	十	元	角	分
			￥	2	6	5	0	0	0	0

用途支付中介服务费
上列款项请从
我账户内支付
签发人签章

立信股份有限公司财务专用章　　印 尹力

复核
记账
验印

经济业务(57)

中国建设银行上海市(　　)现金解款单(回单)　①

20　年　月　日

收款单位	全　称		款项来源	
	账　号		解款单位	

人民币：（大写）	百	十	万	千	百	十	元	角	分

票　面	张　数	种　类	千	百	十	元	角	分	
壹佰元		一　元							
五十元									
十　元		角　票							
五　元		分　币							（收款银行盖章）
二　元		其　他							

此联由银行盖章后退回单位

3100216162　　## 上海增值税专用发票　　NO 00628550

3100216162
00628550

开票日期：2018 年 12 月 20 日

购货单位	名　　称：王霞芳 纳税人识别号：301110195005050505 地 址、电 话：上海市惠民路 424 弄 14 号 13513513513 开户行及账号：	密码区	>909－＊<>>496/－9>＊＋542＊4<91290343－44>>7 ＊0＋303－1/01333＋78－>8＋636＋>080<224058030>8 90－＊<>>123/－9>＊＋435＊5<61457121－41>>655 ＊0＋357－3/09523＋95－>9＋564＊＋87698－＊0759＋2

货物或应税劳务、服务名称	规格型号	单　位	数　量	单　价	金　额	税　率	税　额
众信大厦 B 楼 305 室(期房)					136 500.00	10%	13 650.00
合　计					￥136 500.00	10%	￥13 650.00
价税合计(大写)	⊗ 壹拾伍万零壹佰伍拾圆整				(小写)￥150 150.00		

销货单位	名　　称：立信股份有限公司 纳税人识别号：310104520881172 地 址、电 话：零陵路 583 号 43966000 开户行及账号：建行徐汇支行 055122－00239022110	备注	合同价款的 30% 现金

收款人：　　复核：　　开票人：邹　波　　销货方：(章)

第一联：记账联　购货方记账凭证

经济业务(58)

上海增值税专用发票

3100152570　　NO 00540580

发票联

3100152570
00540580

开票日期：2018 年 12 月 23 日

购货单位	名　　称：立信股份有限公司 纳税人识别号：310104520881172 地 址、电 话：零陵路 583 号 43966000 开户行及账号：建行徐汇支行 055122－00239022110	密码区	>890－＊<>>123/－9>＊＋435＊5<61457121－41>>6 ＊0＋357－3/09523＋95－>9＋56445＋43－>>346784>8 90－＊<>>123/－9>＊＋435＊5<61457121－41>>654 ＊0＋357－3/09523＋95－>9＋564＊＋87698－＊0759＋1

货物或应税劳务、服务名称	规格型号	单位	数量	单价	金额	税率	税额
2018 年送、配股后验资			1	15 000.00	15 000.00	6%	900.00
合　计					￥15 000.00	6%	￥900.00
价税合计(大写)	⊗壹万伍仟玖佰元整				(小写)￥15 900.00		

销货单位	名　　称：长荣会计师事务所 纳税人识别号：91310104367436569877 地 址、电 话：上海市虹桥路 100 号 52523322 开户行及账号：建行长宁支行 224224－342542149865	备注	建行支票 AK079901 长荣会计师事务所 91310104367436569877 发票专用章

收款人：　　复核：　　开票人：穆　青　　销货方：(章)

第三联：发票联　购货方记账凭证

中国建设银行上海市分行
支票号码：AK 079901
签发日期 2018 年 12 月 23 日

收 款 人：长荣会计师事务所
金　　额：￥15 900.00
用　　途：支付验资费

中国建设银行上海市分行支票　支票号码：AK079901

签发日期贰零壹捌年拾贰月贰拾叁日　开户行名称：建行徐汇支行
收款人：长荣会计师事务所　签发人账号：055122－0023022110

人民币(大写)	千	百	十	万	千	百	十	元	角	分
壹万伍仟玖佰元整			￥	1	5	9	0	0	0	0

用途支付验资费
上列款项请从
我账户内支付
签发人签章

立信股份有限公司财务专用章　尹力印

复核
记账
验印

经济业务(59)

上海增值税专用发票

3100110570　　NO 00730230

发票联

3100181130
00730230

开票日期：2018 年 12 月 23 日

购货单位	名　　称：立信股份有限公司 纳税人识别号：310104520881172 地 址、电 话：零陵路 583 号 43966000 开户行及账号：建行徐汇支行 055122－00239022110	密码区	>890－*<>>343/－9>*+542*8<91342342－12>>3 *0+3980－1/094545+43－>8+75439004+0*>909－ *<>>496/－9>*+542*4<91290343－44>>7*0+3 03－1/01333+78－>8+636+>080<2240580302457

货物或应税劳务、服务名称	规格型号	单位	数量	单价	金额	税率	税额
贺卡		张	100	20.69	2 069.00	15%	331.00
合　计					￥2 069.00	16%	￥331.00
价税合计(大写)	⊗ 贰仟肆佰万圆整				(小写)￥2 400.00		

销货单位	名　　称：中国科技图书公司 纳税人识别号：913101046685566879 0 地 址、电 话：上海市河南中路 221 号 12563125 开户行及账号：中行黄浦支行 44353－34254544356	备注	中国科技图书公司 现金 913101046685566879 0 发票专用章

收款人：　　复核：　　开票人：陈　晨　　销货方：(章)

第三联：发票联　购货方记账凭证

经济业务(60)

中国建设银行上海市分行计算利息清单

No. 456

2018 年 12 月 21 日

单位名称：立信股份有限公司　　结息账号：430022176

起息日期	结息日期	天数	积　数	利率	利息金额(元)
2018/09/21	2018/12/20	91	4 550 000 000.00	7.65‰	1 160 250.00
上列放款利息 已照付你单位账户 中国建设银行上海市分行 徐汇支行业务章　18.12.21 (银行盖章)				备注：	

第三联：单位收或付通知

中国建设银行上海市分行计算利息清单

No. 457

2018 年 12 月 21 日

单位名称：立信股份有限公司　　结息账号：430021751

起息日期	结息日期	天　数	积　数	利　率	利息金额(元)
2018/12/01	2018/12/20	20	200 000 000.00	7.65‰	51 000.00
上列放款利息 已照付你单位账户 中国建设银行上海市分行 徐汇支行业务章　18.12.21 (银行盖章)				备注：	

第三联：单位收或付通知

经济业务(61)

交通银行上海市分行计算利息清单

2018 年 12 月 21 日

No. 256

单位名称：立信股份有限公司　　　　结息账号：11210811512

起息日期	结息日期	天　数	积　　数	利　率	利息金额(元)
2018/09/21	2018/12/20	91	1 820 000 000.00	7.65‰	464 100.00
上列放款利息 已照付你单位账户 交通银行上海市分行 徐汇支行业务章　18.12.21 (银行盖章)				备注：	

第三联：单位收或付款通知

经济业务(62)

中国建设银行上海市分行计算利息清单

2018 年 12 月 21 日

No. 458

单位名称：立信股份有限公司　　　　结息账号：239022110

起息日期	结息日期	天　数	积　　数	利　率	利息金额(元)
2018/09/21	2018/12/20		810 206 857.10	2.625‰	70 893.10
上列存款利息 已照收你单位账户 中国建设银行上海市分行 徐汇支行业务章　18.12.21 (银行盖章)				备注：	

第三联：单位收或付通知

交通银行上海市分行计息利息清单

2018 年 12 月 21 日

No. 257

单位名称：立信股份有限公司　　　　结息账号：149052250

起息日期	结息日期	天　数	积　　数	利　率	利息金额(元)
2018/09/21	2018/12/20		203 986 057.10	2.625‰	17 848.78
上列存款利息 已照收你单位账户 交通银行上海市分行 徐汇支行业务章　18.12.21 (银行盖章)				备注：	

第三联：单位收或付款通知

经济业务(63)

3100156609 **上海增值税专用发票** NO 00732130

发票联

3100156609
00732130

开票日期：2018 年 12 月 23 日

购货单位	名　　称：立信股份有限公司 纳税人识别号：310104520881172 地 址、电 话：零陵路 583 号 43966000 开户行及账号：建行徐汇支行 055122－00239022110	密码区	>890－＊<>>343/－9>＊＋542＊8<91342342－12>> 3＊0＋3980－1/094545＋43－>8＋75439004＋0＊>890－ ＊<>>343/－9>＊＋542＊8<91342342－12>>345574 ＊0＋3980－1/094545＋43－>8＋75439004＋0＊14680

货物或应税劳务、服务名称	规格型号	单　位	数　量	单　价	金　额	税　率	税　额
管子钳		套	1	380.00	380.00	16%	60.80
多用电工刀		套	5	15.00	75.00	16%	12.00
角铁		根	20	18.00	360.00	16%	57.60
白炽灯泡		只	50	6.00	300.00	16%	48.00
合　计					¥1 200.40	16%	¥178.40
价税合计(大写)	⊗ 壹仟贰佰玖拾叁元四角				(小写)¥1 293.40		

销货单位	名　　称：五一建筑有限公司 纳税人识别号：913101046684378876 5 地 址、电 话：上海市幸福路 58 号 52523300 开户行及账号：中行黄浦支行 44233－342545432462	备注	现金 立信股份有限公司 310104520881172 发票专用章

收款人：　　复核：　　开票人：钱　程　　销货方：(章)

第三联：发票联　购货方记账凭证

经济业务(64)

上 海 市 税 务 局
印花税票报销专用凭证　　甲　　No. 1896408

购买单位：立信股份有限公司　地址零陵路 583 号　　2018 年 12 月 24 日

印花税票面值	单　位	数　　量	十	万	千	百	十	元	角	分	备　注
壹　角	枚										
贰　角	枚										
伍　角	枚	50					2	5	0	0	
壹　元	枚	75					7	5	0	0	
贰　元	枚	25					5	0	0	0	
伍　元	枚	150				7	5	0	0	0	
壹 拾 元	枚	80				8	0	0	0	0	
伍 拾 元	枚	28			1	4	0	0	0	0	
壹 佰 元	枚	119		1	1	9	0	0	0	0	
合计人民币(大写)壹万伍仟元整			¥	1	5	0	0	0	0	0	

(税额)

第一联　收据联

经办单位 上海市税务局徐汇区分局 第二税务所印花税收讫章(3)　　经办人　谢　东

交通银行上海分行
支票号码：AA 057781

签发日期 2018 年 12 月 24 日

收 款 人：上海市税务局徐汇分局
金　　额：￥15 000.00
用　　途：支付印花税票款

交通银行上海分行支票

支票号码：AA057781

签发日期贰零壹捌年拾贰月贰拾肆日　开户行名称：交行徐汇支行
收款人：上海市税务局徐汇分局　签发人账号：066179－00149052250

人民币（大写）	千	百	十	万	千	百	十	元	角	分
壹万伍仟元整			￥	1	5	0	0	0	0	0

用途支付印花税票款
上列款项请从
我账户内支付
签发人签章

立信股份有限公司财务专用章　印 尹力

复核
记账
验印

经济业务(65)

3100158579

上海增值税普通发票

NO 00165250

3100158579
00165250

开票日期：2018 年 12 月 24 日

购货单位
名　　称：立信股份有限公司
纳税人识别号：310104520881172
地 址、电 话：零陵路 583 号 43966000
开户行及账号：建行徐汇支行 055122－00239022110

密码区
>890－＊<>>343/>890－＊<>>343/－9>＊+54255741
＊8<91342342－12>>3＊0+3980－1/094545+43－>8
+75439004+0＊－8>＊+578＊8<23342940－12>>81
＊0+3950－4/094875+34－>9+7548＊－－896768043

货物或应税劳务、服务名称	规格型号	单位	数量	单价	金额	税率	税额
会场会务			1	27 540.00	27 540.00	6%	1 652.40
合　计					￥27 540.00	6%	￥1 652.40
价税合计(大写)	⊗ 贰万玖仟壹佰玖拾贰元肆角				(小写)￥29 192.40		

销货单位
名　　称：上海信隆餐饮公司
纳税人识别号：91310104887435388778
地 址、电 话：上海市共和新路 1888 号 48123366
开户行及账号：交行静安支行 14456－347545431464

备注：交行发票 AA057782

上海信隆餐饮公司 91310104887435388778 发票专用章

收款人：　　复核：　　开票人：林　茹　　销货方：(章)

第二联：发票联　购货方记账凭证

交通银行上海分行
支票号码：AA 057782

签发日期 2018 年 12 月 24 日

收 款 人：上海信隆饭店
金　　额：￥29 192.40
用　　途：支付会务费

交通银行上海分行支票

支票号码：AA057782

签发日期贰零壹捌年拾贰月贰拾肆日　开户行名称：交行徐汇支行
收款人：上海信隆饭店　签发人账号：066179－00149052250

人民币（大写）	千	百	十	万	千	百	十	元	角	分
贰万玖仟壹佰玖拾贰元肆角			￥	2	9	1	9	2	4	0

用途支付会务费
上列款项请从
我账户内支付
签发人签章

立信股份有限公司财务专用章　印 尹力

复核
记账
验印

经济业务(66)

中国工商银行上海市分行支票

支票号码：DJ184179

签发日期：贰零壹捌年壹拾贰月贰拾伍日　　开户行名称：工行杨浦支行大连办

收款人：立信股份有限公司　　签发人账号：185－37810031

人民币(大写)	千	百	十	万	千	百	十	元	角	分
柒万玖仟零捌拾元整			¥	7	9	0	8	0	0	0

用途物业管理费等

上列款项请从

我账户内支付

签发人签章

长城证券公司财务专用章

吴平印

复核

记账

验印

中国工商银行上海市分行支票

支票号码：FO341088

签发日期：贰零壹捌年壹拾贰月贰拾伍日　　开户行名称：工商银行黄浦支行

收款人：立信股份有限公司　　签发人账号：263－61900032

人民币(大写)	千	百	十	万	千	百	十	元	角	分
肆万贰仟壹佰柒拾陆元整			¥	4	2	1	7	6	0	0

用途物业管理费等

上列款项请从

我账户内支付

签发人签章

江华会计师事务所财务专用章

尹月印

复核

记账

验印

中国建设银行上海市(　　)进账单(回单)　①

科目：　　　　20　年　月　日　　对方科目：

此联由银行盖章后退回单位

收款单位		款项来源	
全　称		款项来源	
账　号		款项种类	票据(分页填写)

人民币：(大写)	千	百	十	万	千	百	十	元	角	分

托收票据目录第1页共　页				金额									他行票据·收妥入账
付款行交换号码	付款单位账号	凭证号码	款项性质	百	十	万	千	百	十	元	角	分	
													(收款银行盖章)

注意：(1)解入票据须俟收妥后方可用款

(2)本联于款项收妥后代收账通知

3100216162 **上海增值税专用发票** NO 03961461

此联不作报销、扣税凭证使用

3100216162
03961461

开票日期：2018 年 12 月 25 日

购货单位	名　　称：长城证券公司 纳税人识别号：310225511415054 地 址、电 话：上海市大连路 555 号 62367820 开户行及账号：工行杨浦支行 267－03012345	密码区	>841－*<>>428/－9>*＋521*6<91232459－32>>9 *0＋643－1/327495＋4<>>3657/－>*＋534*9<256423 76－67>>9*0＋3543024－2/08764345＋354－>9＋73 *6－>1＋265*>5432－998＋5522><9887<553345211

货物或应税劳务、服务名称	规格型号	单位	数量	单价	金额	税率	税额
物业管理费					18 000.00	6%	1 080.00
合计					￥18 000.00	6%	￥1 080.00
价税合计（大写）	⊗ 壹万玖仟零捌拾圆整				（小写）￥19 080.00		

销货单位	名　　称：立信股份有限公司 纳税人识别号：310104520881172 地 址、电 话：零陵路 583 号 43966000 开户行及账号：建行徐汇支行 055122－00239022110	备注	工行支票＃DI184179 （立信股份有限公司 310104520881172 发票专用章）

收款人：　　复核：　　开票人：邹　波　　销货方：（章）

第一联：记账联　销货方记账凭证

3100216162 **上海增值税专用发票** NO 03961462

此联不作报销、扣税凭证使用

3100216162
03961462

开票日期：2018 年 12 月 25 日

购货单位	名　　称：江华会计师事务所 纳税人识别号：912541235871012149 地 址、电 话：上海市徐家汇路 888 弄 2 号 46552222 开户行及账号：建行徐汇支行 055122－002390445510	密码区	>841－*<>>428/－9>*＋521*6<91232459－32>>9 *0＋643－1/327495＋4<>>3657/－>*＋534*9<256423 76－67>>9*0＋3543024－2/08764345＋354－>9＋73 *6－>1＋265*>5432－998＋5522><9887<553345211

货物或应税劳务、服务名称	规格型号	单位	数量	单价	金额	税率	税额
物业管理费					9 600.00	6%	576.00
合计					￥9 600.00	6%	￥576.00
价税合计（大写）	⊗ 壹万零壹佰柒拾陆圆整				（小写）￥10 176.00		

销货单位	名　　称：立信股份有限公司 纳税人识别号：310104520881172 地 址、电 话：零陵路 583 号 43966000 开户行及账号：建行徐汇支行 055122－00239022110	备注	工行支票＃FO341088 （立信股份有限公司 310104520881172 发票专用章）

收款人：　　复核：　　开票人：邹　波　　销货方：（章）

第一联：记账联　销货方记账凭证

上海市企业单位统一收据

18-4856819

年　月　日

交款单位

人民币(大写)　　　　　　　　　　¥

系　　付

现 金	
支 票	
付 委	

③ 记账联

收款单位(盖章有效)　　　　财务　　　经手人

上海市企业单位统一收据

18-4856820

年　月　日

交款单位

人民币(大写)　　　　　　　　　　¥

系　　付

现 金	
支 票	
付 委	

③ 记账联

收款单位(盖章有效)　　　　财务　　　经手人

经济业务(67)

立信股份有限公司 费用报销单

No. 0008911

2018 年 12 月 25 日

请详细写明报销内容

姓 名	摘　　要	膳用金额		车费金额		其他费用金额	
吴 超	报销总经理用车的汽油费					¥337	50
	停车费					¥10	00
	现金付讫						
合计(大写)叁佰肆拾柒元伍角整	合 计					¥347	50
		¥347.50					

第一联 记账联

部门行政管理部　　审核柳　青　　制单吴　超　　收款人吴　超

3100156579 **上海增值税专用发票** NO 001652650

发票联

310018110
005287818

开票日期：2018 年 12 月 25 日

购货单位	名　　称：立信股份有限公司 纳税人识别号：310104520881172 地 址、电 话：零陵路 583 号 43966000 开户行及账号：建行徐汇支行 055122－00239022110	密码区	>675－＊<>>343/－8>＊＋578＊8<23342320－12>>8 ＊0＋394345＋354－>9＋73354－>9＋73275－2654556－ 60－2/0988906>675－＊<>>3657/－9>＊42376＋534 ＊9<256－67>>9＊0＋3543024－2/08764345＋574117

货物或应税劳务、服务名称	规格型号	单位	数量	单价	金额	税率	税额
93＃汽油		升	135	2.50	337.50	16％	54.00
合计					￥337.50	6％	￥54.00
价税合计（大写）	⊗ 叁佰玖拾壹元伍角				（小写）￥391.50		

销货单位	名　　称：上海大兴运输开发公司 纳税人识别号：91310234886784388745 地 址、电 话：上海市大兴街 88 号 89892233 开户行及账号：交行黄浦支行 14769－347542189845	备注	现金 （上海大兴运输开发公司 91310234886784388745 发票专用章）

收款人：　　复核：　　开票人：李　钢　　销货方：（章）

第三联：发票联　购货方记账凭证

收费停车场（库）定额发票

车号

拾　元

（加盖公章有效）

沪陆 018

上海市机动车停车场发票专用章

年　　月　　日

上海市陆上运输管理处统一印制

经济业务(68)

上海增值税专用发票

3100156530　　　　NO 00298687

发票联

3100156530
00298687

开票日期：2018 年 12 月 25 日

购货单位	名　　称：立信股份有限公司 纳税人识别号：310104520881172 地 址、电 话：零陵路 583 号 43966000 开户行及账号：建行徐汇支行 055122－00239022110	密码区	>675－*<>>3657/－9>*+534*9<25642376－67>>9 *0+3543024－2/08764345+354－>973275947889>8 90－*<>>343/－8>*+578*8<23342940－12>>8544 *0+3950－4/094875+34－>9+7548*－－8967680433

货物或应税劳务、服务名称	规格型号	单　位	数　量	单　价	金　额	税　率	税　额
爱信小区绿化管理			1	4 000.00	4 000.00	6%	240.00
合　计					￥4 000.00	6%	￥240.00
价税合计(大写)	⊗ 肆仟贰佰肆拾元整				(小写)￥4 240.00		

销货单位	名　　称：上海永绿园林公司 纳税人识别号：91310234886784388745 地 址、电 话：上海市民星路 1188 号 54541122 开户行及账号：交行闵行支行 14875－347542156742	备注	建行支票 AK079902 上海永绿园林公司 91310234886784388745 发票专用章

收款人：　　复核：　　开票人：何　唯　　销货方：(章)

第三联：发票联　购货方记账凭证

中国建设银行上海市分行

支票号码：AK 079902

签发日期 2018 年 12 月 25 日

收 款 人：上海永绿园林公司

金　　额：￥4 240.00

用　　途：绿化管理费

中国建设银行上海市分行支票　支票号码：AK079902

签发日期贰零壹捌年拾贰月贰拾伍日　　开户行名称：建行徐汇支行

收款人：上海永绿园林公司　　签发人账号：055122－0023022110

人民币(大写)	千	百	十	万	千	百	十	元	角	分
肆仟贰佰肆拾元整				￥	4	2	4	0	0	0

用途绿化管理费

上列款项请从
我账户内支付
签发人签章

立信股份有限公司财务专用章　　尹力印

复核
记账
验印

经济业务(69)

上海增值税专用发票

3100156579　　　　NO 00230675

发票联

3100156579
00230675

开票日期：2018 年 12 月 25 日

购货单位	名　　称：立信股份有限公司 纳税人识别号：310104520881172 地 址、电 话：零陵路 583 号 43966000 开户行及账号：建行徐汇支行 055122－00239022110	密码区	>675－*<>>3657/－9>*+534*9<25642376－67>>9 *0+3543024－2/08764345+3411054－>9+7324237－ 5+4>675－*<>>343/－8>*+578*8<23342320－12> *0+3960－2/094345+354－>9+732654556－88906

货物或应税劳务、服务名称	规格型号	单　位	数　量	单　价	金　额	税　率	税　额
众信大厦 C 楼电气照明管线工程			1	140 000.00	140 000.00	10%	14 000.00
合　计					¥140 000.00	10%	¥14 000.00
价税合计(大写)	⊗ 壹拾伍万肆仟元整				(小写)¥154 000.00		

销货单位	名　　称：象山建筑工程公司 纳税人识别号：913101059674365543 8 地 址、电 话：上海市中山西路 20 号 67689966 开户行及账号：建行徐汇支行 224224－34325714458	备注	建行支票 AK079903 (象山建筑工程公司 913101059674365543 8 发票专用章)

收款人：　　复核：　　开票人：韩　羽　　销货方：(章)

第三联：发票联　购货方记账凭证

中国建设银行上海市分行

支票号码：AK 079903

签发日期　2018 年 12 月 25 日

收 款 人：象山建筑工程公司

金　　额：¥54 000.00

用　　途：工程款

中国建设银行上海市分行支票　支票号码：AK079903

签发日期贰零壹捌年拾贰月贰拾伍日　　开户行名称：建行徐汇支行

收款人：象山建筑工程公司　　签发人账号：055122－0023022110

人民币(大写)	千	百	十	万	千	百	十	元	角	分
壹拾伍万肆仟元整		¥	1	5	4	0	0	0	0	0

用途工程款

上列款项请从

我账户内支付

签发人签章

(立信股份有限公司财务专用章)　(尹力印)

复核

记账

验印

经济业务(70)

托收号码：

委托银行收款凭证(付款通知 代收据)

④专用

No. 26894 55362191

委托银行日期 2018 年 12 月 26 日

此联是付款单位开户银行给付款单位的付款通知

付款人	全　　称	立信股份有限公司	收款人	全　　称	上海市区供电局(西)
	账　　号	066179－00149052250		账　　号	2546－03449869
	开户银行	交行徐汇支行		开户银行	工行上海市分行营业处

金额	千	百	十	万	千	百	十	元	角	分
零佰零拾贰万柒仟零佰柒拾陆元壹角肆分			￥	2	7	0	7	6	1	4

结算原因	电费	合同号码	1827 CB18	附寄单证张数	1

会计分录

(　)________________

对方科目(　)________________

会计　出纳　复核　记账

上列款项已根据收款单位委托从你单位账户付出：

交通银行上海市分行
徐汇支行业务章 18.12.26

(付款单位开户银行盖章)

上海增值税专用发票

3100156584　NO 00230678

发票联

3100156584
00230678

开票日期：2018 年 12 月 25 日

购货单位	名　　称：立信股份有限公司 纳税人识别号：310104520881172 地 址、电 话：零陵路 583 号 43966000 开户行及账号：建行徐汇支行 055122－00239022110	密码区	>675－*<>>3657/－9>*+534*9<25642376－67>>9 *0+3543024－2/08764345+354－>9+732*47889 +534>675－*<>>3657/－9>*+534*9<256742376－ 67>>9*0+3543024－2/08764345+354－>9+73275－

货物或应税劳务、服务名称	规格型号	单位	数量	单价	金额	税率	税额
供电			1	23 341.00	23 341.00	16%	3 734.64
合　计					￥23 341.50	16%	￥3 934.64
价税合计(大写)	⊗贰万柒仟零柒拾陆元壹角肆分				(小写)￥27 076.14		

销货单位	名　　称：上海市区供电局(西) 纳税人识别号：913101059678365776 地 址、电 话：上海市南京西路 220 号 20203654 开户行及账号：工行上海市分行 2546－03449869	备注	委托银行收款凭证 #2689455362191 上海市区供电局(西) 913101059678365776 发票专用章

收款人：　复核：　开票人：吴　颖　销货方：(章)

第三联：发票联　购货方记账凭证

经济业务(71)

消防处罚决定书

沪公消 No. 0008477 号

2018 年 12 月 26 日

被处罚人立信股份有限公司因未经消防验收合格而擅自将众信大厦 A 楼部分投入使用根据《上海市消防条例》第五十二条第2项，决定给予壹万捌仟元整处罚，受罚款处罚的，应当在收到决定书之日起五日内缴纳，逾期不缴纳的，按日征收千分之五的滞纳金。

如不服本决定，可在收到决定书之日起十五日内向上一级行政机关申请复议。

决定宣布时间 2018 年 12 月 26 日 时

此联交被处罚人

交通银行上海分行

支票号码：AA 057783

签发日期 2018 年 12 月 26 日

收 款 人：上海市消防局消防处

金 额：¥18 000.00

用 途：罚款

交通银行上海分行支票

支票号码：AA057783

签发日期贰零壹捌年拾贰月贰拾陆日　　开户行名称：交行徐汇支行

收款人：上海市消防局消防队　　签发人账号：066179－00149052250

	千	百	十	万	千	百	十	元	角	分
人民币（大写）壹万捌仟元整			¥	1	8	0	0	0	0	0

用途罚款

上列款项请从

我账户内支付

签发人签章

立信股份有限公司财务专用章

印 尹力

复核 记账 验印

经济业务(72)

上海增值税专用发票

3100172120　　NO 00231074

发票联

3100172120
00231074

开票日期：2018 年 12 月 26 日

购货单位	名　　称：立信股份有限公司 纳税人识别号：310104520881172 地 址、电 话：零陵路 583 号 43966000 开户行及账号：建行徐汇支行 055122－00239022110			密码区	>675－*<>>3657/－9>430242*+534*6434－67>>9 <25*0+35/08766<912355799237644>>745445+35－ >+7320242>865*<>>496/9>*+542*6<9123557944> >*0+3031/01220+46－>6+444>+52145240745445－		
货物或应税劳务、服务名称	规格型号	单 位	数 量	单 价	金 额	税 率	税 额
垃圾库房改建			1	50 000.00	50 000.00	3%	1 500.00
合 计					¥50 000.00	3%	¥1 500.00
价税合计(大写)	⊗ 伍万壹仟伍佰圆整				(小写)¥51 500.00		
销货单位	名　　称：顺通建设工程公司 纳税人识别号：913101056214378235７ 地 址、电 话：上海市肇嘉浜路 30 号 25275525 开户行及账号：建行徐汇支行 055122－00239025122			备注	建行支票＃AK079904		

顺通建设工程公司 913101056214378235７ 发票专用章

收款人：　　复核：　　开票人：林 路　　销货方：(章)

第三联：发票联 购货方记账凭证

中国建设银行上海市分行
支票号码：AK 079904

签发日期 2018 年 12 月 26 日

收 款 人：顺通建设工程公司
金　　额：￥51 500.00
用　　途：垃圾库房改建

中国建设银行上海市分行支票 支票号码：AK079904

签发日期贰零壹捌年拾贰月贰拾陆日　开户行名称：建行徐汇支行
收款人：顺通建设工程公司　签发人账号：055122－0023022110

人民币（大写）	千	百	十	万	千	百	十	元	角	分
伍万壹仟伍佰元整			￥	5	1	5	0	0	0	0

用途垃圾库房改建
上列款项请从
我账户内支付
签发人签章

立信股份有限公司财务专用章　印 尹力

复核
记账
验印

经济业务（73）

上海市社会团体统一收据

No. 1868286

单位：立信股份有限公司　2018 年 12 月 27 日

摘要	十万	万	千	百	十	元	角	分	开户银行及账号
会费									工行长宁区中山办 277－80422018
向霞芳孤儿院捐款	￥1	0	0	0	0	0	0	0	
人民币（大写）壹拾万元整									

二 收据联

收费单位（公章）上海市慈善基金会徐汇区办事处财务专用章　财务主管（章）张　红　收款人（章）李　晓

交通银行上海分行
支票号码：AA 057784

签发日期 2018 年 12 月 27 日

收 款 人：上海市慈善基金会
金　　额：￥100 000.00
用　　途：捐款

交通银行上海分行支票 支票号码：AA057784

签发日期贰零壹捌年拾贰月贰拾柒日　开户行名称：交行徐汇支行
收款人：上海市慈善基金会　签发人账号：066179－00149052250

人民币（大写）	千	百	十	万	千	百	十	元	角	分
壹拾万元整		￥	1	0	0	0	0	0	0	0

用途捐款
上列款项请从
我账户内支付
签发人签章

立信股份有限公司财务专用章　印 尹力

复核
记账
验印

经济业务(74)

托收号码：

委托银行收款凭证(付款通知)

④专用

No. 108818
25671235

委托日期 2018 年 12 月 27 日

此联是付款单位开户银行给付款单位的付款通知

付款人	全　称	立信股份有限公司	收款人	全　称	上海市电信局
	账　号	066179－00149052250		账　号	2546－01590554
	开户银行	交行徐汇支行		开户银行	工行上海市分行营业部

金额：人民币(大写)零佰零拾零万柒仟柒佰贰拾捌元捌角陆分

千	百	十	万	千	百	十	元	角	分
			¥	7	7	2	8	8	6

结算原因	通信费	合同号码	20456	附寄单证张数	

会计分录

(　)________

对方科目(　)________

会计　出纳　复核　记账

上列款项已根据收款单位委托从你单位账户付出：

交通银行上海分行徐汇支行
业务专用章 11.12.27

(付款单位开户银行盖章)

3100172130

上海增值税专用发票

NO 00230678

发票联

3100172130
00230678

开票日期：2018 年 12 月 27 日

购货单位	名　　称：立信股份有限公司 纳税人识别号：310104520881172 地 址、电 话：零陵路 583 号 43966000 开户行及账号：建行徐汇支行 055122－00239022110	密码区	>675－＊<>>3657/－9>＊+534＊9<25642376－67>>9 ＊0+3543024－2/08764345+354－>9+732024－2>86 5－＊<>>496/－9>＊+542＊6<91235579－44>>74547 ＊0+303－1/01220+46－>6+444>+5214－8852422<5

货物或应税劳务、服务名称	规格型号	单　位	数　量	单　价	金　额	税　率	税　额
通信			1	7 728.86	7 728.86	10%	772.89
合　计					¥7 728.86	10%	¥772.89
价税合计(大写)	⊗ 捌仟伍佰零壹圆柒角伍分				(小写)¥8 501.75		

销货单位	名　　称：上海市电信局 纳税人识别号：9131010560383783344 地 址、电 话：上海市南京东路 389 号 25251122 开户行及账号：工行上海市分行 2546－03449658	备注	委托银行收款凭证 ＃10881825671235 上海市电信局 9131010560383783344 发票专用章

收款人：　复核：　开票人：杨　阳　销货方：(章)

第三联：发票联　购货方记账凭证

经济业务(75)

3100111675

上海增值税专用发票

发票联

NO 00628818

3100111675
00628818

开票日期：2018 年 12 月 27 日

购货单位	名　　称：立信股份有限公司 纳税人识别号：310104520881172 地 址 、电 话：零陵路 583 号　43966000 开户行及账号：交行徐汇支行 016679－00149052250			密码区	＞865－＊＜＞＞496/－9＞＊ ＋542＊6＜91235579－ 44＞＞7＊0＋303－1 /01220＋46－＞6 ＋123		
货物或应税劳务、服务名称	规格型号	单位	数量	单价	金额	税率	税额
大客车	SE6972	辆	1	127 000	127 000.00	16%	20 320.00
合计					￥127 000.00	16%	￥20 320.00
价税合计(大写)	⊗壹拾肆万柒仟叁佰贰拾元整				(小写)￥147 320.00		
销货单位	名　　称：上海汽车贸易公司 纳税人识别号：310102789456118 地 址 、电 话：中山南路 1881 号 64135565 开户行及账号：工行黄浦支行 216－31564832			备注	交行支票　AA057785		

第三联 发票联 购货方记账凭证

上海汽车贸易公司
310102789456118
发票专用章

收款人：　　复核：　　开票人：郑雷　　销货单位：(章)

中华人民共和国交通部
征收专用章
车辆购置附加费

车辆购置附加费缴费收据

2018 年 12 月 27 日

091745019

车　　主	立信股份有限公司				
车辆厂牌型号	SE6972 大客车		国产/进口		
车辆计费价格	127 000.00	缴费金额	12 700.00	滞纳金	0
合计金额(大写)	壹万贰仟柒佰元整				￥12 700.00
发给车辆购置附加费凭证号码：　第　0970689540　号　沪 A－A1818					

第二联 缴费人收执

征收单位：上海市车购办　　收款人：尹达亮　　制单人：蒋　玲

车辆购置附加费
收款专用章西区站(2)
上海市车辆购置附加费征收管理办公室

上海市行政事业性收费专用收据

（市公安局车辆管理规费专用）　No. 0013148

收　据

缴款单位：立信股份有限公司　　2018 年 12 月 27 日

名　称	数量	单价	金额 十	万	千	百	十	元	角	分
牌照 汽车 拖拉机 摩托车	1	100			¥	1	0	0	0	0
车牌固封装置										
行驶证	1	20				¥	2	0	0	0
牌照 试车 教练车										
验车费	1	80				¥	8	0	0	0
合计人民币（大写）贰佰元整					¥	2	0	0	0	0

单位收讫章

上海市公安局
车辆管理所
收款章 10

经办人　王　琳

注　本发票经盖章有效

单位地址：中山北一路 1101 号　　单位电话：65168888

上海增值税专用发票

3100111675　　NO 00628819

发票联

3100111675
00628819

开票日期：2018 年 12 月 27 日

购货单位		密码区
名　　称：立信股份有限公司 纳税人识别号：310104520881172 地 址、电 话：零陵路 583 号 43966000 开户行及账号：建行徐汇支行 055122－00239022110		>675－＊<>>3664/－8>＊＋534＊9<25642376－67>>9 ＊0＋3547224－2/0875345＋300－>56＋778664/－8> >675－＊<>>3657/－9>＊＋534＊9<25642376－67>>9 ＊0＋3543024－2/08764345＋354－>9＋73275－47889

货物或应税劳务、服务名称	规格型号	单　位	数　量	单　价	金　额	税　率	税　额
保险			1	3 690.00	3 690.00	6%	221.40
合　计					¥3 690.00	6%	¥221.40
价税合计（大写）	⊗ 叁仟玖佰壹拾壹元肆角				（小写）¥3 911.00		

销货单位		备注
名　　称：中国太平洋保险公司 纳税人识别号：913210789456118565 地 址、电 话：中山南路 1882 号 64135564 开户行及账号：工行黄浦支行 216－31564822		交行支票AA057785 310102789456118

中国太平洋保险公司
9132102789456118865
发票专用章

收款人：　　复核：　　开票人：郑　雷　　销货方：（章）

第三联：发票联　购货方记账凭证

中 国 太 平 洋 保 险 公 司

机动车辆保险单(正本)

中国太平洋保险公司(以下称保险人)按照背面所载条款的规定,在本保险单有效期内,承保下述被保险人下列机动车辆,特立本保险单。

被保险人:立信股份有限公司　　单位:人民币元　　保险单号码:20105096B2588

厂牌型号	牌照号码	使用性质	吨/座位	车辆损失险					第三者责任险		附加险保费			保费合计
				基本保费	保险价值	保险金额	费率%	保　费	赔偿限额	固定保费	盗抢险	承运人责任险	其　他附加险	
飞翼大客车	沪A—A1818	非营业运输	49座	680	140 000	140 000	0.80	1 120	200 000	1 560		150	180	3 690

保险期限:自2019年01月01日零时起至2019年12月31日二十四时止　　车辆总数:1辆

总保险金额:壹拾肆万元整

总保险费:叁仟陆佰玖拾元整

签章:

中国太平洋保险公司
上海分公司业务专用章(一)

签单日期:
2018年12月27日

注意:1.收到本保险单后,请即核对,如有错误,立即通知本公司。
2.收到本保险单后,请详细阅读背面条款。
3.机动车辆出险后,凭本保险单必须在48小时内向本公司理赔中心报案(报案电话:021—63517888)。

被保险人地址:零陵路583号
联系人:张军　电话号码:43966000
开户银行:交行徐汇支行
银行账号:066179—00149052250

经(副)理:谈　兵　　会　计:盛子夏　　复核:杨　敏　　制单:郑　雷　　承　办:王　琤

出单公司地址:上海市福州路567号　　电话号码:63511888　　电传:88695COMINCN　　传真:021—63734746　　邮政编码:200001

ONO. 0000888

固定资产验收交接单

2018年12月27日

固定资产名称	大客车	批准支出金额	160 220元
规格型号	SE6972 飞翼大客车	固定资产原价	160 220元
颜色、牌照	沪A—A1818 白色	购买日期	2018.12.27
计量单位	辆	验收日期	2018.12.27
数　量	1	使用部门	物业管理部门
附属设备情况	/	折旧年限	5年
备注：			

验收会签	管理部门	财务部门	使用(保管)部门	会签日期
	同意接收，交物业管理使用 王兴	验收入账 柳青	同意接收 曹明	2018.12.27

本单一式三份：管理部门、财务部门、使用部门各一份

交通银行上海分行

支票号码：AA 057785

签发日期　2018年12月27日

收 款 人：上海汽车贸易公司

金　　额：¥164 131.40

用　　途：购车款

交通银行上海分行支票　支票号码：AA057785

签发日期贰零壹捌年拾贰月贰拾柒日　开户行名称：交行徐汇支行

收款人：上海汽车贸易公司　签发人账号：066179-00149052250

	千	百	十	万	千	百	十	元	角	分
人民币(大写)壹拾陆万肆仟壹佰叁拾壹元肆角		¥	1	6	4	1	3	1	4	0

用途购车款

上列款项请从

我账户内支付

签发人签章

立信股份有限公司财务专用章

尹力印

复核

记账

验印

经济业务(76)

中国建设银行上海市(　　　)邮、电、手续费收费凭证(收　据)　④

2018年12月27日

<table>
<tr><td colspan="5">缴款单位名称：
立信股份有限公司</td><td colspan="7">账号：
055122—00239022110</td><td>信汇笔数　电汇笔数
异地托收　笔数：(邮)(电)</td></tr>
<tr><td colspan="5">邮电费金额</td><td colspan="5">手续费金额</td><td colspan="7">合 计 金 额</td><td>银行汇票笔数：</td></tr>
<tr><td>百</td><td>十</td><td>元</td><td>角</td><td>分</td><td>百</td><td>十</td><td>元</td><td>角</td><td>分</td><td>万</td><td>千</td><td>百</td><td>十</td><td>元</td><td>角</td><td>分</td><td rowspan="3">中国建设银行上海市分行
徐汇支行业务专用章
18.12.27</td></tr>
<tr><td></td><td></td><td></td><td></td><td></td><td>¥</td><td>1</td><td>8</td><td>5</td><td>0</td><td></td><td></td><td>¥</td><td>1</td><td>8</td><td>5</td><td>0</td></tr>
<tr><td colspan="2">合计金额</td><td colspan="15">人民币(大写)：壹拾捌元伍角整</td></tr>
</table>

航

你单位上述应缴的邮、电、手续费业经收讫付你单位账。　(银行盖章)

经济业务(77)

(流动资金贷款)借款凭证(回　单) ③

单位编号：248　　日期：2018年12月30日　　银行编号：0118

此联系核定放款回单代借款单位往来户收款通知

借款人	名称	同右	收款人	名称	立信股份有限公司
	放款户账号	055122－00430025111		往来户账号	055122－00239022110
	开户银行	建行徐汇支行		开户银行	建行徐汇支行
借款期限(最后还款日)		2019年3月30日	借款计划指标		
借款申请金额		人民币(大写)：贰佰万元整		千百十万千百十元角分	¥200000000
借款原因及用途		开发立信花苑	银行核定金额：	千百十万千百十元角分	¥200000000

期限	计划还款日期	✓	计划还款金额	分次还款记录	期次	还款日期	还款金额	结欠
1	2019年3月30日		2 000 000					
2								
3								
4								

备　注：

上述借款业已同意贷给并转入你单位往来户账借款到期时应按期归还此致借款单位

中国建设银行上海市分行
徐汇支行业务章 18.12.30

(银行盖章)2018年12月30日

经济业务(78)

中国工商银行上海市分行支票　　支票号码：AE101194

签发日期：贰零壹捌年拾贰月叁拾日　　开户行名称：上海分行静安支行

收款人：立信股份有限公司　　签发人账号：267－03012345

	千	百	十	万	千	百	十	元	角	分
人民币(大写)肆拾陆万贰仟元整		¥	4	6	2	0	0	0	0	0

用途购房

上列款项请从

我账户内支付

签发人签章

信恒保温瓶公司财务专用章

亮赵印海

复核

记账

验印

中国建设银行上海市(　　)进账单(回单)　①

科目：　　　　　　　　20　年　月　日　对方科目：

收款单位	全　称		款项来源	
	账　号		款项种类	票据(分页填写)

人民币：
(大写)

千	百	十	万	千	百	十	元	角	分

托收票据目录第1页共　页			款项性质	金额									
付款行交换号码	付款单位账号	凭证号码		百	十	万	千	百	十	元	角	分	他行票据·收妥入账
													(收款银行盖章)

此联由银行盖章后退回单位

注意：(1)解入票据须俟收妥后方可用款
(2)本联于款项收妥后代收账通知

经济业务(78)

3100216162　**上海增值税专用发票**　NO 03961463

此联不作报销、扣税凭证使用

3100216162
03961463

开票日期：2018年12月30日

购货单位	名　　　称：信恒保温瓶有限公司 纳税人识别号：310225511415054 地 址、电 话：上海市余兴路677号 62567890 开户行及账号：工行静安支行 267－03012345	密码区	>841－*<>>428/－9>*+521*6<91232459－32>>9 *0+643－1/327495+4<>>3657/－>*+534*9<256423 76－67>>9*0+3543024－2/08764345+354－>9+73 *6－>1+265*>5432－998+5522><9887<553345211

货物或应税劳务、服务名称	规格型号	单　位	数　量	单　价	金　额	税　率	税　额
众信大厦A楼第18层					420 000.00	10%	42 000.00
合　计					¥420 000.00	10%	¥42 000.00
价税合计(大写)	⊗ 肆拾陆万贰仟圆整				(小写)¥462 000.00		

销货单位	名　　　称：立信股份有限公司 纳税人识别号：310104520881172 地 址、电 话：零陵路583号 43966000 开户行及账号：建行徐汇支行 055122－00239022110	备注	已付清全部房款 (立信股份有限公司 310104520881172 发票专用章)

收款人：　　　复核：　　　开票人：邹　波　　　销货方：(章)

第一联：记账联　销货方记账凭证

经济业务(79)

固定资产折旧计算表

2018 年 12 月　　　　金额单位：元

固定资产类别	月折旧率	使用部门	上月计提		上月增加	本月增加	上月减少	本月减少	本月计提	
			原值	折旧额	原值	折旧额	原值	折旧额	原值	折旧额
房屋、建筑物	0.23%	行政及其他管理部门	8 500 000	19 550.00					8 500 000	19 550
通用设备	1.58%	工程部门	683 200	10 794.56					683 200	10 794.56
		物业管理部门	2 670 000	42 186.00					2 670 000	42 186
		行政及其他管理部门	2 350 500	37 137.90	43 000	679.40	18 000	284.40	2 375 500	37 532.90
		小计	5 703 700	90 118.46	43 000	679.40	18 000	284.40	5 728 700	90 513.46
运输工具	1.58%	工程部门	654 500	10 341.10					654 500	10 341.10
		物业管理部门	597 000	9 432.60					597 000	9 432.60
		行政及其他管理部门	872 500	13 785.50					872 500	13 785.50
		小计	2 124 000	33 559.20					2 124 000	33 559.20
管理设备	0.79%	行政及其他管理部门	1 035 600	8 181.24	16 000	126.40			1 051 600	8 307.64
		合计	17 363 300	151 408.90	59 000	805.80	18 000	284.40	17 404 300	151 930.30

审核：柳　青　　　　制单：毛　蕾

经济业务(82)

财产保险费摊销表

2018 年 12 月　　　　金额单位：元

项目 / 金额 / 部门	财产保险费（不包括车辆）	机动车辆保险费	合　计
工程部门	309.10	581.60	890.70
物业管理部门	823.25	883	1 706.25
行政及其他管理部门	3 566.43	1 462.40	5 028.83
合　计	4 698.78	2 927	7 625.78

审核：柳　青　　　　制单：毛　蕾

经济业务(86)

开发间接费用分配表

金额单位：元

房产开发项目	分配比例（本月发生直接成本）	分 配 率	分 配 额
开发成本——众信大厦 A 楼			
——众信大厦 B 楼			
——众信大厦 C 楼			
——众信大厦 D 楼			
——众信大厦 E 楼			
——立信花苑			
合　计			

经济业务(87)

众信大厦A楼开发成本计算表

金额单位：元

项目	土地转让及动迁补偿费	前期工程费	基础设施费	建安工程费	配套设施费	开发管理费	合　计
期初余额	7 816 000	1 112 520.96	3 908 000	22 751 830	1 036 000	1 546 593.04	38 170 944
本期发生							
总 成 本							
建筑面积	14 400m²						
单位面积成本							

经济业务(91)

立信股份有限公司

外 埠 出 差 报 销 单

2018年12月31日

出差人姓名	李　强	工作部门	营 销 部	预借金额	￥4 000.00
出差事由	业务考察	出差日期	12月15日到12月24日	返回金额	￥987
出差地点	北京	出差天数	10天	应补金额	

起程					到达					车船费		在途伙食津贴		通宵乘车补贴			住勤伙食补贴			住宿费	市内交通费	其他费用	
月	日	时	分	地点	月	日	时	分	地点	交通工具	金额	人/天	金额	票价	%	补贴	人/天	每天标准补助	金额			项目	金额
12	15	10	50	上海	12	15	12	15	深圳	飞机	830						1/10	15	150	1 000	203		
12	24	3	40	北京	12	24	5	10	上海	飞机	830												
																			现金	付讫			
合计金额	(小写)3 013元　各项费用小计										1 660						150			1 000	203		
	(大写)叁仟零壹拾叁元整																						

附件15张

审核 柳青　　出纳 孙悦　　部门主管 杭琪　　报销人 强英

3100112520

上海增值税专用发票

发票联

NO 00641300

3100112520
00641300

开票日期：2018 年 12 月 31 日

购货单位	名　　称：立信股份有限公司 纳税人识别号：310104520881172 地 址、电 话：零陵路 583 号 43966000 开户行及账号：建行徐汇支行 055122－00239022110	密码区	>890－*<>>123/－9>*＋542*6<91239234－47>>8 *0＋345－1/09248＋78－>5＋21042*6<912396<66 75－*<>>3657/－9>*＋53>>3657/－9>*＋534123 96<*9<256423769>*＋542*642*6<9123196<

货物或应税劳务、服务名称	规格型号	单　位	数　量	单　价	金　额	税　率	税　额
住宿			1	943.40	943.40	6%	56.60
合　计					¥943.40	6%	¥56.60
价税合计(大写)	⊗壹仟圆整				(小写)¥1 000.00		

销货单位	名　　称：上海华宝酒店有限公司 纳税人识别号：913101046534878963 地 址、电 话：上海市华夏西路 109 号 98071036 开户行及账号：建行浦东支行 055122－00255643456	备注	上海华宝酒店有限公司 913101046534878963 发票专用章

收款人：　　　　复核：　　　　开票人：朱　花　　　　销货方：(章)

第三联：发票联　购货方记账凭证

经济业务(95)

应收款项坏账准备计提表

2018 年 12 月

账　　龄	应收账款账户余额	其他应收款账户余额	提取比例	应收账款计提坏账数	其他应收款计提坏账数	坏账准备合计数
半年之内	505 000	5 000	2%			
半年至 1 年	76 000	0	5%			
1 年至 2 年	15 500	5 000	20%			
2 年至 3 年	20 000	0	50%			
3 年以上	0	0	100%			
合　　计	616 500	10 000				

经济业务(99)

中华人民共和国企业所得税年度纳税申报表(A类)

税款所属期间：2018年1月1日至2018年12月31日

纳税人名称：立信股份有限公司

纳税人识别号：310104520881172　　　　金额单位：元(列至角分)

行次	类别	项目	金额
1	利润总额计算	一、营业收入(填写A101010\101020\103000)	
2		减:营业成本(填写A102010\102020\103000)	
3		减:税金及附加	
4		减:销售费用(填写A104000)	
5		减:管理费用(填写A104000)	
6		减:研发费用	
7		减:财务费用(填写A104000)	
8		减:资产减值损失	
9		减:信用减值损失	
10		加:其他收益	
11		加:投资收益	
12		加:净敞口套期收益	
13		加:公允价值变动收益	
14		加:资产处置收益	
15		二、营业利润(1－2－3－4－5－6－7－8－9＋10＋11＋12＋13＋14)	
16		加:营业外收入(填写A101010\101020\103000)	
17		减:营业外支出(填写A102010\102020\103000)	
18		三、利润总额(15＋16－17)	
19	应纳税所得额计算	减:境外所得(填写A108010)	
20		加:纳税调整增加额(填写A105000)	
21		减:纳税调整减少额(填写A105000)	
22		减:免税、减计收入及加计扣除(填写A107010)	
23		加:境外应税所得抵减境内亏损(填写A108000)	
24		四、纳税调整后所得(18－19＋20－21－22＋23)	
25		减:所得减免(填写A107020)	
26		减:弥补以前年度亏损(填写A106000)	
27		减:抵扣应纳税所得额(填写A107030)	
28		五、应纳税所得额(24－25－26－27)	
29	应纳税额计算	税率(25%)	
30		六、应纳所得税额(28×29)	
31		减:减免所得税额(填写A107040)	
32		减:抵免所得税额(填写A107050)	
33		七、应纳税额(30－31－32)	
34		加:境外所得应纳所得税额(填写A108000)	
35		减:境外所得抵免所得税额(填写A108000)	
36		八、实际应纳所得税额(33＋34－35)	
37		减:本年累计实际已缴纳的所得税额	
38		九、本年应补(退)所得税额(36－37)	
39		其中:总机构分摊本年应补(退)所得税额(填写A109000)	
40		财政集中分配本年应补(退)所得税额(填写A109000)	
41		总机构主体生产经营部门分摊本年应补(退)所得税额(填写A109000)	
42	附列资料	以前年度多缴的所得税额在本年抵减额	
43		以前年度应缴未缴在本年入库所得税额	

纳税人公章： 经办人： 申报日期：　　年　月　日	代理申报中介机构公章： 经办人及执业证件号码： 代理申报日期：　　年　月　日	主管税务机关受理专用章： 受理人： 受理日期：　年　月　日

（二）资产负债表 2 张

资 产 负 债 表

会企 01 表

编制单位：立信股份有限公司　　2018 年 12 月 31 日　　单位：元

资　　产	期末余额	年初余额	负债和所有者权益（或股东权益）	期末余额	年初余额
流动资产：			流动负债：		
货币资金			短期借款		
交易性金融资产			交易性金融负债		
衍生金融资产			衍生金融负债		
应收票据及应收账款			应付票据及应付账款		
预付款项			预收款项		
其他应收款			合同负债		
存货			应付职工薪酬		
合同资产			应交税费		
持有待售资产			其他应付款		
一年内到期的非流动资产			持有待售负债		
其他流动资产			一年内到期的非流动负债		
流动资产合计			其他流动负债		
非流动资产：			流动负债合计		
债权投资			非流动负债：		
其他债权投资			长期借款		
长期应收款			应付债券		
长期股权投资			其中：优先股		
其他权益工具投资			永续债		
其他非流动金融资产			长期应付款		
投资性房地产			预计负债		
固定资产			递延收益		
在建工程			递延所得税负债		
生产性生物资产			其他非流动负债		
油气资产			非流动负债合计		
无形资产			负债合计		
开发支出			所有者权益（或股东权益）：		
商誉			实收资本（或股本）		
长摊待摊费用			其他权益工具		
递延所得税资产			其中：优先股		
其他非流动资产			永续债		
非流动资产合计			资本公积		
			减：库存股		
			其他综合收益		
			盈余公积		
			未分配利润		
			所有者权益（或股东权益）合计		
资产总计			负债和所有者权益（或股东权益）总计		

合并资产负债表

会企 01 表

编制单位：立信股份有限公司　　2018 年 12 月 31 日　　单位：元

资　　产	期末余额	负债和所有者权益(或股东权益)	期末余额
流动资产：		流动负债：	
货币资金		短期借款	
交易性金融资产		交易性金融负债	
衍生金融资产		衍生金融负债	
应收票据及应收账款		应付票据及应付账款	
预付款项		预收款项	
其他应收款		应付职工薪酬	
存货		应交税费	
合同资产		其他应付款	
持有待售资产		合同负债	
一年内到期的非流动资产		持有待售负债	
其他流动资产		一年内到期的非流动负债	
流动资产合计		其他流动负债	
非流动资产：		流动负债合计	
债权投资		非流动负债：	
其他债权投资		长期借款	
长期应收款		应付债券	
长期股权投资		其中：优先股	
其他权益工具投资		永续债	
其他非流动金融资产		长期应付款	
投资性房地产		预计负债	
固定资产		递延收益	
在建工程		递延所得税负债	
生产性生物资产		其他非流动负债	
油气资产		非流动负债合计	
无形资产		负债合计	
开发支出		所有者权益(或股东权益)：	
商誉		实收资本(或股本)	
长摊待摊费用		其他权益工具	
递延所得税资产		其中：优先股	
其他非流动资产		永续债	
非流动资产合计		资本公积	
		减：库存股	
		其他综合收益	
		盈余公积	
		未分配利润	
		归属于母公司所有者权益合计	
		少数股东权益	
		所有者权益(或股东权益)合计	
资产总计		负债和所有者权益(或股东权益)总计	

(三) 利润表 2 张

利 润 表

会企 02 表

编制单位：立信股份有限公司　　　　2018 年度　　　　单位：元

项　　目	本期金额	上期金额
一、营业收入		
减：营业成本		
税金及附加		
销售费用		
管理费用		
研发费用		
财务费用		
其中：利息费用		
利息收入		
资产减值损失		
信用减值损失		
加：其他收益		
投资收益（损失以"－"号填列）		
其中：对联营企业和合营企业的投资收益		
净敞口套期收益（损失以"－"号填列）		
公允价值变动收益（损失以"－"号填列）		（略）
资产处置收益（损失以"－"号填列）		
二、营业利润（亏损以"－"号填列）		
加：营业外收入		
减：营业外支出		
三、利润总额（亏损总额以"－"号填列）		
减：所得税费用		
四、净利润（净亏损以"－"号填列）		
（一）持续经营净利润（净亏损以"－"号填列）		
（二）终止经营净利润（净亏损以"－"号填列）		
五、其他综合收益的税后净额		
（一）不能重分类进损益的其他综合收益		
1. 重新计量设定受益计划变动额		
2. 权益法下不能转损益的其他综合收益		
3. 其他权益工具投资公允价值变动		
4. 企业自身信用风险公允价值变动		
……		
（二）将重分类进损益的其他综合收益		
1. 权益法下可转损益的其他综合收益		
2. 其他债权投资公允价值变动		
3. 金融资产重分类计入其他综合收益的金额		
4. 其他债权投资信用减值准备		
5. 现金流量套期储备		
6. 外币财务报表折算差额		
……		
六、综合收益总额		
七、每股收益：		
（一）基本每股收益		
（二）稀释每股收益		

合并利润表

会企 02 表

编制单位：立信股份有限公司　　　　2018年度　　　　单位：元

项　目	本期金额	上期金额
一、营业总收入		
其中：营业收入		
二、营业总成本		
其中：营业成本		
税金及附加		
销售费用		
管理费用		
研发费用		
财务费用		
其中：利息费用		
利息收入		
资产减值损失		
信用减值损失		
加：其他收益		
投资收益（损失以“－”号填列）		（略）
其中：对联营企业和合营企业的投资收益		
净敞口套期收益（损失以“－”号填列）		
公允价值变动收益（损失以“－”号填列）		
资产处置收益（损失以“－”号填列）		
三、营业利润（亏损以“－”号填列）		
加：营业外收入		
减：营业外支出		
四、利润总额（亏损总额以“－”号填列）		
减：所得税费用		
五、净利润（净亏损以“－”号填列）		
（一）按经营持续性分类		
1. 持续经营净利润（净亏损以“－”号填列）		
2. 终止经营净利润（净亏损以“－”号填列）		
（二）按所有权归属分类		
1. 归属于母公司所有者的净利润		
2. 少数股东损益		
六、其他综合收益的税后净额		
（一）归属于母公司所有者的其他综合收益的税后净额		
1. 不能重分类进损益的其他综合收益		
1. 重新计量设定受益计划变动额		
2. 权益法下不能转损益的其他综合收益		
3. 其他权益工具投资公允价值变动		
4. 企业自身信用风险公允价值变动		
……		
2. 将重分类进损益的其他综合收益		
1. 权益法下可转损益的其他综合收益		
2. 其他债权投资公允价值变动		
3. 金融资产重分类计入其他综合收益的金额		
4. 其他债权投资信用减值准备		
5. 现金流量套期储备		
6. 外币财务报表折算差额		
……		
（二）归属于少数股东的其他综合收益的税后净额		
七、综合收益总额		
归属于母公司所有者的综合收益额		
归属于少数股东的综合收益额		
八、每股收益：		
（一）基本每股收益		
（二）稀释每股收益		

（五）所有者权益变动表 2 张

所有者权益变动表

会企 04 表

编制单位：立信股份有限公司　　2018 年　　单位：元

项　　目	本年金额									
	实收资本（或股本）	其他权益工具			资本公积	减：库存股	其他综合收益	盈余公积	未分配利润	所有者权益合计
		优先股	永续债	其他						
一、上年年末余额										
加：会计政策变更										
前期差错更正										
其他										
二、本年年初余额										
三、本年增减变动金额（减少以“－”号填列）										
（一）综合收益总额										
（二）所有者投入和减少资本										
1. 所有者投入的普通股										
2. 其他权益工具持有者投入资本										
3. 股份支付计入所有者权益的金额										
4. 其他										
（三）利润分配										
1. 提取盈余公积										
2. 对所有者（或股东）的分配										
3. 其他										
（四）所有者权益内部结转										
1. 资本公积转增资本（或股本）										
2. 盈余公积转增资本（或股本）										
3. 盈余公积弥补亏损										
4. 设定受益计划变动额结转留存收益										
5. 其他综合收益结转留存收益										
6. 其他										
四、本年年末余额										

合并所有者权益变动表

会企 04 表

编制单位:立信股份有限公司　　2018 年度　　单位：元

项目	本年金额											
	归属于母公司所有者权益										少数股东权益	所有者权益合计
	实收资本（或股本）	其他权益工具			资本公积	减:库存股	其他综合收益	盈余公积	未分配利润	小计		
		优先股	永续债	其他								
一、上年年末余额												
加:会计政策变更												
前期差错更正												
其他												
二、本年年初余额												
三、本年增减变动金额(减少以“－”号填列)												
(一) 综合收益总额												
(二) 所有者投入和减少资本												
1. 所有者投入的普通股												
2. 其他权益工具持有者投入资本												
3. 股份支付计入所有者权益的金额												
4. 其他												
(三) 利润分配												
1. 提取盈余公积												
2. 对所有者(或股东)的分配												
3. 其他												
(四) 所有者权益内部结转												
1. 资本公积转增资本(或股本)												
2. 盈余公积转增资本(或股本)												
3. 盈余公积弥补亏损												
4. 设定受益计划变动额结转留存收益												
5. 其他综合收益结转留存收益												
6. 其他												
四、本年年末余额												

十、外购空白记账凭证及账页

（仅提供样张）

（一）收款凭证 20 张

立信会计用品总公司印制 C112—48(借贷式

收　款　凭　证

总号	
分号	

借方科目　　　　　　年　　月　　日

摘　要	应贷科目		✓	金额										
	一级科目	二级和明细科目		亿	千	百	十	万	千	百	十	元	角	分
合　计														

附件　　张

财会主管　　记账　　出纳　　复核　　制单　　领款人签章

（二）付款凭证 70 张

立信会计用品总公司印制 C112—48(借贷式

付　款　凭　证

总号	
分号	

贷方科目　　　　　　年　　月　　日

摘　要	应借科目		✓	金额										
	一级科目	二级和明细科目		亿	千	百	十	万	千	百	十	元	角	分
合　计														

附件　　张

财会主管　　记账　　出纳　　复核　　制单　　领款人签章

（三）转账凭证 70 张

总号	
分号	

转 账 凭 证

年 月 日

摘 要																
借 方 科 目			贷 方 科 目			金 额										附件
一级科目	二级或明细科目	✓	一级科目	二级或明细科目	✓	千	百	十	万	千	百	十	元	角	分	
																张
合 计																

财会主管　　记账　　复核　　制单

（四）记账凭证封面及封底 3 套

编号

凭 证 封 面

年 月份

单 位 名 称			
凭 证 名 称			
册 数	第	册共	册
起 讫 编 号	自第	号至第	号
起 讫 日 期	自20　年　月　日至　月　日		

主管__________ 装订__________

抽 出 单 据 记 录

抽出日期			抽出单据名称	张数	抽出单据理由	抽取人签 章	财会主管签 章	附 注
年	月	日						

(五) 账簿启用及接交表 3 套

账簿启用及接交表

单位名称		印鉴
账簿名称	（第　　册）	
账簿编号		
账簿页数	本账簿共计　　页（本账簿页数 检点人盖章　　）	
启用日期	公元　　年　月　日	

经管人员	负责人		主办会计		复核		记账	
	姓名	盖章	姓名	盖章	姓名	盖章	姓名	盖章

接交记录	经管人员		接管				交出			
	职别	姓名	年	月	日	盖章	年	月	日	盖章

备注	

目录

编号	科目	页码	编号	科目	页码	编号	科目	页码

（六）日记账账页 6 张

年		凭证号数	对方科目	摘要	总页	收入（借方）										付出（贷方）										结存									
月	日					千	百	十	万	千	百	十	元	角	分	千	百	十	万	千	百	十	元	角	分	千	百	十	万	千	百	十	元	角	分

（七）三栏式账页 40 张

分页＿＿＿＿ 总页＿＿＿＿

会计科目＿＿＿＿＿＿

明细科目＿＿＿＿＿＿

年		凭证		摘要	对应科目	借方														贷方														借/贷	余额													
月	日	种类	号数			百	十	亿	千	百	十	万	千	百	十	元	角	分	✓	百	十	亿	千	百	十	万	千	百	十	元	角	分	✓		百	十	亿	千	百	十	万	千	百	十	元	角	分	✓

（八）数量金额式库存材料明细账账页 1 张

分页________ 总页________

最高存量________ 编号、名称________

最低存量________ 储备天数________ 存放地点________ 计量单位________ 规格________ 类别________

年		凭证		摘要	收入												发出												结存											
月	日	种类	号数		数量	单价	金额										数量	单价	金额										数量	单价	金额									
							千	百	十	万	千	百	十	元	角	分			千	百	十	万	千	百	十	元	角	分			千	百	十	万	千	百	十	元	角	分

十一、实习参考答案

(一) 现金日记账、银行存款日记账余额

1. 库存现金	5 623.82
2. 银行存款——建设银行(基本存款户)	10 570 965.38
——建设银行(保证金专户)	4 490 000.00
——交通银行(一般存款户)	2 885 819.70

(二) 开发间接费用发生额及分配率

1. 发生额:	351 134.00
2. 分配率:	2%

(三) 众信大厦 A 楼开发总成本　　39 081 600.00

(四) 损益类部分账户本月发生额

1. 主营业务收入	10 752 100.00
2. 其他业务收入	214 120.00
3. 主营业务成本	6 946 088.30
4. 其他业务成本	184 124.00
5. 销售费用	505 415.00
6. 管理费用	504 629.98
7. 财务费用	728 164.82
8. 信用减值损失	11 200.00
9. 资产处置收益	240 000.00
10. 税金及附加	586 459.04
11. 投资收益	930 372.24

(五) 利润总额及应纳税所得额

1. 本月利润总额	2 555 441.15
2. 本月应纳税所得额	1 816 768.91

(六) 年度会计报表部分项目金额

1. 资产负债表

(1) 存货	180 385 856.60

(2) 应收票据及应收账款 990 480.00
(3) 长期股权投资 21 718 823.30
(4) 固定资产 17 804 555.00
(5) 应付票据及应付账款 5 017 100.00
(6) 合同负债 25 824 806.00
(7) 应交税费 650 584.48
(8) 其他应付款 13 070 227.20
(9) 资本公积 40 556 090.00
(10) 资产总计(负债和所有者权益总计) 303 927 525.42
2. 利润表
(1) 净利润本年累计数 25 262 800.00
3. 所有者权益变动表
(1) 未分配利润 30 536 520.00
4. 现金流量表
(1) 销售商品、提供劳务收到的现金 149 445 943.27
(2) 购买商品、接受劳务支付的现金 105 279 373.72
(3) 支付给职工以及为职工支付的现金 2 849 685.30
(4) 经营活动产生的现金流量净额 20 389 673.70
(5) 投资活动产生的现金流量净额 −24 496 155.00
(6) 筹资活动产生的现金流量净额 9 791 829.20

(七) 有关财务指标

(1) 资产负债率 42%
(2) 流动比率 1.87
(3) 速动比率 0.45
(4) 应收账款周转率 241.19
(5) 存货周转率 0.53
(6) 资本保值增值率 164%
(7) 总资产报酬率 14%
(8) 净资产收益率 14%
(9) 每股净资产 2.11
(10) 基本每股收益 0.30
(11) 每股经营活动现金净流量 0.24

(八) 合并会计报表部分项目金额

1. 合并利润表
(1) 营业收入 185 370 783.62
(2) 营业成本 117 074 228.72
(3) 税金及附加 11 417 233.21

(4) 销售费用 7 225 844.02
(5) 管理费用 9 696 185.19
(6) 财务费用 5 781 933.93
(7) 资产减值损失 62 911.38
(8) 信用减值损失 396 986.99
(9) 投资收益 744 334.05
(10) 少数股东损益 495 932.78
(11) 归属于母公司所有者的净利润 25 766 891.13
(12) 不能重分类进损益的其他综合收益/(2) 权益法下不能转损益的其他综合收益 −3 000.00
(13) 不能重分类进损益的其他综合收益/(3) 其他权益工具投资公允价值变动 −69 625.33

2. 合并资产负债表
(1) 货币资金 20 263 726.31
(2) 应收票据及应收账款 6 979 752.31
(3) 存货 184 347 174.49
(4) 长期股权投资 13 893 323.30
(5) 固定资产 27 499 035.33
(6) 递延所得税资产 213 287.02
(7) 短期借款 86 174 000.00
(8) 应付票据及应付账款 8 494 557.53
(9) 合同负债 25 824 806.00
(10) 其他应付款 13 279 992.05
(11) 递延所得税负债 48 991.25
(12) 少数股东权益 7 002 805.34
(13) 资产总计(或负债与股东权益总计) 322 285 877.55

3. 合并所有者权益变动表(本年年末余额)
(1) 股本 84 000 000.00
(2) 资本公积 40 767 090.00
(3) 盈余公积 21 873 772.74
(4) 未分配利润 32 178 137.13
(5) 所有者权益合计 185 734 654.81

4. 合并现金流量表
(1) 销售商品、提供劳务收到的现金 188 738 685.39
(2) 购买商品、接受劳务支付的现金 130 451 925.46
(3) 取得投资收益收到的现金 264 000.00
(4) 购建固定资产、无形资产和其他长期资产所支付的现金 647 269.80
(5) 分配股制、利润或偿付利息支付的现金 18 181 877.23

十二、编制记账凭证与会计报表提示及疑难解答

这里对全部经济业务中 53 项的账务处理及报表部分项目的填列，作了程度不等的提示与疑难解答，提供了编制合并会计报表的全部抵销分录，在实习过程中进行不见面的指导。

（一）经济业务账务处理提示及疑难解答

经济业务(1)：此项支出记入“管理费用”账户。

经济业务(2)：作为合同负债处理。杨华已于上月用现金付清全部房款及增值税，公司已向其开具全额增值税普通发票，此业务仅为杨华将其中 100 000 元房款改用公积金货款支付，不涉及增值税，也无需开具增值税发票。财政部 2018 年发布的“《企业会计准则第 14 号——收入》应用指南”规定：企业因转让商品收到的预收款适用该准则进行会计处理时，使用“合同负债”科目，不再使用“预收账款”科目及“递延收益”科目。但其他准则(如租赁准则)仍可采用“预收账款”等科目。

经济业务(3)：此项为非同一控制下的吸收合并，虹梅房地产开发公司丧失法人地位，并入立信股份有限公司。该业务应根据兼并成交日被兼并方的资产负债表调整后余额，借记或贷记有关资产、负债类账户，按实际产权转让成交价贷记“其他应付款”账户，将成交价大于被兼并方净资产的公允价值之差额借记“商誉”账户。另本项合并不符合财税(2009)59 号文中的特殊性税务处理规定。税收对取得股权或资产的计税基础以公允价值为基础确定。

在实务中此项业务可编制一张现收凭证、一张银收凭证和若干张转账凭证，均以“其他应付款”作为对应账户过渡。在“其他应付款”账户中抵轧的结果，最终仍为实际的产权转让成交价。支付的交易手续费记入“管理费用”账户。

经济业务(5)：本期发现的与前期相关的非重大会计差错，应作为本期数调整相关项目。

借：累计折旧　　14 200

　　贷：管理费用　　14 200

经济业务(6)：按实收款项金额借记“银行存款”账户，按支付的进项增值税借记“应交税费”账户，按配股增加的股本面值贷记“股本”账户，按配股溢价扣除券商承销费、上网发行手续费后的余额贷记“资本公积——股本溢价”账户。

经济业务(9)：此时确认商品房销售收入实现，将有关的合同负债转为主营业务收入。杨华预付房款时已获得公司开具的增值税普通发票，交房时，公司无需再开具发票。

经济业务(10)：预收的物业管理费贷记“合同负债”账户，相关销项增值税贷记“应交税费”账户，收取的其他款项贷记“其他应付款”账户。

经济业务(11)：盘亏固定资产在批准前，按固定资产的账面净额，借记“待处理财产损溢”、“累计折旧”账户，贷记“固定资产”账户。由于该项固定资产为营销部门经费所用，因管理不善不慎被盗，故盘亏时，应将进项税额转出，记入“待处理财产损溢”账户。

经济业务(12)：此项业务需编制两张记账凭证：

银付凭证　借：预付账款——工程款——家美设计事务所　100 000

应交税费——应交增值税(进项税额)　6 000.00

贷：银行存款　106 000.00

转账凭证　借：开发成本——前期工程款——众信大厦(E楼)　470 000

贷：预付账款——工程款——家美设计事务所　470 000

经济业务(13)：此项业务要求按模拟实习“二(十三)、3”的规定处理，即先记入“预收账款”账户再转出，编制一张银收凭证和一张转账凭证。以后这类业务均照此办理。房产开发公司经营房屋出租业务的收入属主营业务收入。

经济业务(14)：出售装修材料系公司其他业务，属增值税应税项目，应将含增值税的价款分离为不含增值税的收入和增值税销项税额。

经济业务(15)：预收购房定金通过“合同负债”账户核算。购房定金相关的增值税计入应交税费。

经济业务(16)：没收定金作为营业外收入。没收定金涉及的增值税仍作为应交税费，无需特别处理。

经济业务(17)：缴纳各项税金及教育费附加等应借记“应交税费”账户。

经济业务(21)：此项业务系银行存款明细账户之间的划转业务。

经济业务(25)：此项业务应编制两张记账凭证：增加固定资产的转账凭证与支付租赁款的银付凭证。融资租入固定资产应付款应通过“长期应付款”账户核算。本项业务中，固定资产按公允价值入账，长期应付款按租赁期内各期租金合计数，即按最低租赁付款额入账，两者的差额记入“未确认融资费用”账户。

经济业务(26)：爱信小区由公司进行物业管理，支付的保安费应记入“主营业务成本——物业管理”账户。取得增值税普通发票不可抵扣，相关增值税也计入主营业务成本。

经济业务(27)：工程部人员的差旅费记入“开发间接费用”账户。取得的增值税普通发票不可抵扣，相关增值税也计入“开发间接费用”。

经济业务(29)：公司在交付房屋后应一般纳税人要求开具增值税专用发票，需同时开具增值税红字普通发票，冲销原预收房款时开具的增值税普通发票。

经济业务(30)：因经销而购入装潢材料所付增值税可作为进项税额入账，不计入材料成本。

经济业务(31)：公司对外单位支付的办公用房物业管理费，记入“管理费用”账户。

经济业务(32)：此项业务应编制银付凭证如下：

借：应付职工薪酬——工资薪酬　121 120.30

财务费用　38.20

贷：银行存款——建行　121 158.50

经济业务(33)：代扣个人所得税通过“应交税费”账户核算，其余的代扣款项通过“其他应付款”账户核算。

借：应付职工薪酬——工资薪酬　30 079.70

贷：其他应付款——应付养老保险费　11 984.00

——应付医疗保险费　2 996.00

——应付失业保险费　754.00

——应付工会经费　756.00

——应付住房公积金　10 486.00

应交税费——应交个人所得税　3 103.70

经济业务(34)：本项业务应根据各项基金、经费计算表编制记账凭证。我们根据上海市目前财会制度规定，对计提各项基金、经费的账务处理在表中作了提示，以帮助实习者了解企业有关实务。由于各地区政策规定不尽相同，以及政策本身的变化，可能与实际有所不同。

借：开发间接费用　　8 815.10
　　主营业务成本　　10 074.40
　　管理费用　　44 075.50
　　贷：应付职工薪酬——养老保险费　　29 960.00
　　　　　　　　　　——医疗保险费　　14 231.00
　　　　　　　　　　——住房公积金　　10 486.00
　　　　　　　　　　——失业保险费　　749.00
　　　　　　　　　　——生育、工伤保险费　　2 247.00
　　　　　　　　　　——工会经费　　3 024.00
　　　　　　　　　　——教育经费　　2 268.00

支付各项基金、经费时，由职工个人负担的部分，通过“其他应付款”账户核算，由企业负担的部分，通过“应付职工薪酬”账户核算。

经济业务(36)：购笔款项 139 200 元作为业务招待费借记“管理费用”账户，同时贷记“应付账款”账户。用于业务招待的商品的进项税额不得抵扣，需一并记入“管理费用”账户。

经济业务(37)：工程部人员工资借记“开发间接费用”账户，物业管理部人员工资，借记“主营业务成本——物业管理”账户，行政及其他管理部门人员工资，借记“管理费用”账户。

经济业务(42)：将无形资产对外进行股权投资为非货币性交易，长期股权投资的成本为转出无形资产的公允价值与相关税费之和。长期股权投资成本与转出无形资产账面价值(扣除本月的摊销额 10 400 元)及相关税费(税务上将土地使用权进行投资是视同销售的需缴纳相应的增值税及土地增值税)之和的差额 240 000 元，记入“资产处置收益”账户。此项业务应编制两张记账凭证：转账凭证和银付凭证。

经济业务(43)：此项业务应编制两张记账凭证：银付凭证和转账凭证。可按发票所列示的工程决算全额 920 000 元，借记“开发成本”、贷记“应付账款”账户；再按支付金额借记“应付账款”“应交税费——应交增值税(进项税额)”账户，贷记“银行存款——建行”账户。

经济业务(45)：为建造商品房取得土地使用权而发生的成本，记入“开发成本”账户。

经济业务(49)：此项业务应编制银收凭证如下：

借：银行存款——建行　　400 400
　　应交税费——应交增值税(进项税额)　　36 400
　　贷：预收账款　　364 000

经济业务(50)：代付的建筑垃圾清运费，减少其他应付款。

经济业务(53)：购买售房合同的工本费，计入销售费用。

经济业务(55)：公司经股东大会批准后实施送红股(股票股利)时，应编制转账凭证如下：

借：利润分配——应付股利　　9 000 000
　　贷：股本　　9 000 000

经济业务(56)：售房中介费计入销售费用。

经济业务(58)：支付的配股验资费，借记“资本公积——股本溢价”账户。

经济业务(59)：购买贺卡的支出作为业务招待费,记入“管理费用”账户。用于业务招待的商品的进项税额不得抵扣需一并记入“管理费用”账户。

经济业务(63)：采用定额备用金方式时,平时报销不能冲减其他应收款,应根据支付款项用途在有关费用成本账户列支。本项业务所购物业管理维修工具及材料,因购入后当即领用,可直接借记“主营业务成本——物业管理”账户。

经济业务(64)：根据财政部“关于印发《增值税会计处理规定》的通知”(财会〔2016〕22号),企业经营活动发生的印花税计入“税金及附加”账户。

经济业务(68)：支付爱信小区绿化管理费,记入“主营业务成本——物业管理”账户。

经济业务(71)：此项支出属营业外支出。

经济业务(72)：支付爱信小区垃圾库房改建费时，冲减“其他应付款——应付房屋修缮基金”。

经济业务(73)：此项支出也属营业外支出。

经济业务(75)：客车将用于职工上下班使用,属于用于职工福利,相关增值税不得抵扣,需计入固定资产价值。购入大客车时预付的保险费不计入固定资产价值，应作为预付账款处理。支付的保险费相关增值税可予抵扣。

经济业务(81)：由于本公司的办公用房和出租房屋的装修费用已确认为固定资产和投资性房地产,并按五年分摊,因而,本月摊销的办公用房的装修费作为固定资产折旧,借记“管理费用”账户,贷记“累计折旧”,摊销的出租房屋的装修费作为投资性房地产的累计摊销,借记“主营业务成本”账户,贷记“投资性房地产累计摊销”账户。

经济业务(83)：出租房屋的成本摊销时,应作如下处理：

借：主营业务成本

贷：投资性房地产累计摊销

“投资性房地产累计摊销”账户所起作用与“累计折旧”账户相似。

经济业务(85)：计提房屋修缮基金时,借记“开发成本”,贷记“其他应付款”账户。

经济业务(89)：发出柳桉木的销售成本,采用先进先出法计算。装潢材料的销售成本作为其他业务成本。

经济业务(92)：经营商品房销售、租赁及物业管理均属公司主营业务,其应负担的税金及附加均借记“税金及附加”账户。但本月应交增值税进项税额大于销项税额,实缴增值税为零,故无需计提城建税及教育费附加。

经济业务(93)：根据财政部“关于印发《增值税会计处理规定》的通知”(财会〔2016〕22号),企业经营活动中发生的房产税,土地使用税计入“税金及附加”账户。公司计提的房产税、土地使用税记入“税金及附加”账户。

经济业务(94)：公司的借款金额较大,为了正确计算损益,应对银行结息后至12月31日之间的借款利息进行预提。借记“财务费用”账户,贷记“应付利息”账户。

经济业务(95)：年末按账龄分析法对应收账款及其他应收款计提坏账准备时,要考虑“坏账准备”账户已有余额的情况,按两者的差额进行调整。

经济业务(96)：公司对信恒保温瓶公司和信谊百货公司的股权投资,由于采用成本法核算,当收到被投资企业的财务报表时,不确认投资收益。公司对信隆饭店的投资由于采用权益法核算,应根据被投资企业的净利润与公司对其持股比例,计算投资收益,并借记“长期股权投资”账户，贷记“投资收益”账户。

经济业务(97)：在成本法下，于被投资企业决策机构批准利润分配方案时，应当按被投资企业宣告分配的现金股利，确认投资企业所拥有的份额，借记“应收股利”账户，贷记“投资收益”账户。

经济业务(98)：相关房地产项目尚未达到清算条件，故根据税法规定自行计提土地增值税，借记“税金及附加”账户，贷记“应交税费”账户。

经济业务(99)：该公司12月应纳税调整事项如下：

1. 支付消防罚款18 000元不能在税前列支，纳税所得应调整增加18 000元。

2. 对信恒、信谊以及信隆饭店的投资，本年确认的投资收益共计930 372.24元，作为已纳税收益，可以在计算纳税所得时扣除。

3. 公司全年职工薪酬总额未超过有关纳税标准，不需作纳税调整。

4. 通过对慈善基金会的捐款支出100 000元，此项属于公益、救济性质的捐款，并未直接向受捐人捐赠，且未超过年度纳税所得额的3%，可以在所得税前列支。

5. 本月管理费用中的业务招待费金额为141 600元(140 400+1 200)，全年为406 250元，未超过其营业收入的0.5%即733 815.26元(146 763 052.81×0.5%)，因而，按税法规定业务招待费的60%可以在税前扣除，即纳税调整应增加162 500元(406 250×40%)。

6. 按企业所得税法规定，计提资产减值准备时不得在税前扣除。由于年末对应收款项计提的坏账准备11 200元，已计入会计利润，所以应调增纳税所得11 200元。而上述差异为可抵扣暂时性差异，在预计未来能产生足够的应纳税所得额可供抵扣的情况下，应当确认递延所得税资产。

年末应收账款及其他应收款的账面价值为598 400元(589 500+8 900)，而其计税基础为626 500元(598 400+28 100)，确认的未来可抵扣的暂时性差异为28 100元，故年末递延所得税资产余额为7 025元(28 100×25%)，本月递延所得税资产的发生额＝年末递延所得税资产余额－12月月初递延所得税资产余额＝7 025－4 225＝2 800元。

7. 根据上述分析：

本月应纳税所得额＝2 555 441.15+18 000－930 372.24+162 500+11 200＝1 816 768.91(元)

应交所得税＝1 816 768.91×25%＝454 192.23(元)

所得税费用＝454 192.23－2 800＝451 392.23(元)

编制会计分录：

借：所得税费用　　451 392.23

　　递延所得税资产　　2 800.00

　贷：应交税费——应交所得税　　454 192.23

(二) 编制现金流量表提示及疑难解答

根据经济业务发生的先后顺序，按涉及经营活动流量、投资活动现金流量、筹资活动现金流量，分别在现金流量表台账有关专栏登记其流入和流出，然后结出本月合计数和本年累计数，并根据“六(三)”及12月份有关账户记录编制年度现金流量表。

销售商品、提供劳务收到的现金：本项目全年填列149 445 943.27元，其中12月份为1 456 209.10元。应根据商品房开发销售和出租、物业管理和装潢建材销售业务所发生的现金流入填列。本期退还房款支付的现金在现金流量表台账该专栏内用负数填列。

收到的其他与经营活动有关的现金：本项目全年3 833 771.13元，其中12月份为183 672.08元。根据收到的代收的建筑垃圾清运费、房屋修缮基金和银行存款利息收入以及收到的差旅费余款填列。

购买商品、接受劳务支付的现金：本项目全年填列105 279 373.72元，其中12月份为21 202 321.12元，根据商品房开发、物业管理和购买装潢建材业务所发生的现金流出填列。

支付的各项税费：本项目全年填列18 915 106.70元，其中12月份为1 337 491.29元。根据业务(17)、(64)支付的税费填列。

支付的其他与经营活动有关的现金：本项目全年填列5 845 874.98元，其中12月份为960 923.98元，包括：在管理费用、销售费用中列支的，以现金支付的各种款项(包括吸收合并支付的手续费，除支付的印花税费)；在财务费用中列支的金融手续费支出；在预付账款中列支的车辆保险费支出；在营业外支出中列支的罚款支出和捐款支出，以及从银行结算户划转保证金户的款项、工程部人员差旅费支出、改建垃圾库房工程款支出以及代付的建筑垃圾清运费等。

投资所支付的现金：本项目12月份和全年数均为24 788 895元。应将吸收合并虹梅房地产开发公司所支付的产权转让款，扣除因合并该公司而转入的货币资金，再加上转让无形资产对外股权投资支付的手续费的金额填列。

吸收投资所收到的现金：本项目12月份和全年数均为43 492 500元，根据实收配股款填列。

支付的其他与筹资活动有关的现金：本项目12月份和全年数均为122 620元。支付融资租赁款项、由于送、配股验资而支付的费用在本项目中反映。

计提的资产减值准备：本项目12月份和全年数均为11 200元，为计提的坏账准备。

固定资产折旧、投资性房地产摊销：本项目全年填列2 565 978.20元，其中12月份为237.380元。根据计提的折旧，投资性房地产摊销以及装修费的分摊额，再扣除上年度多摊销的办公用房装修费14 200元后填列。

财务费用：本项目全年填列5 883 780.80元，其中12月份为816 850元，即为两笔借款利息支出。

递延所得税资产减少：本项目填列−2 800元，根据该项目的期初数减去期末数计算得出。

存货的减少(减：增加)：本项目全年填列380 608.40元，其中12月份为−11 292 259.00元。合并转入的存货数额作为非经营性的变动应剔除，可根据存货的期初余额−存货的期末余额＋合并转入的存货数额计算得到。

经营性应收项目的减少(减：增加)：本项目全年填列−5 586 082.38元，其中12月份为−3 008 874.28元。应剔除合并转入的应收款项。可根据报表上应收款项的期初余额−应收款项的期末余额＋合并转入的应收款项的数额−本期计提的坏账准备计算得到。本企业无其他非经营性应收项目。

经营性应付项目的增加(减：减少)：本项目全年填列−6 623 549.08元，其中12月份为−9 702 292.21元。应剔除合并转入的应付款项和业务(6)配股手续费的税金、业务(25)融资租赁的税金、业务(42)计入长期股权投资的税金、业务(58)配股验资费税金以及业务(47)计入营业外支出的进项税额转出。可根据报表上应付款项的期末余额−应付款项的期初余额−合并转入的应付款项的数额−业务(6)、业务(25)、业务(42)、业务(58)、业务(47)中的五笔税金计算得到。

其他：本项目全年填列−490 000元，其中12月份为−90 000元。该企业该项目的金额为从银行结算户划转保证金户的款项。因为保证金户的银行存款不能随意支取。

(三) 编制合并财务报表提示及工作底稿上的抵销分录

立信股份有限公司直接控制了信恒保温瓶公司 80%的股份，直接和间接控制了信谊百货公司 60%的股份，因此，信恒公司和信谊公司均应纳入立信公司所编制合并财务报表的范围。

由于信谊百货公司在接受投资时，该公司的商场用房其可辨认净资产的公允价值高于其账面价值 768 000 元，当时剩余折旧年限为 32 年，即每年折旧额为 24 000 元，至 2018 年年初已计提了 149 个月的折旧额，共计 298 000 元。因此，在编制合并工作底稿时，先应对信谊公司的财务报表进行调整。

1. 按照信谊百货自购买日持续计算的可辨认净资产公允价值调整信谊百货个别财务报表。

(1) 将固定资产调增至公允价值。

借：固定资产　　768 000

　贷：资本公积——年初　　768 000

(2) 补计至 2018 年年末固定资产增值部分的折旧。

借：管理费用　　24 000

　　未分配利润——年初{[768 000÷(32×12)]×149}　　298 000

　贷：固定资产　　322 000

(将上述分录中调整项目的金额填入工作底稿中信谊公司个别报表中的调整过程栏中，并计算出调整后的金额及工作底稿上调整后的利润表、资产负债表和所有者权益变动表。)

由于立信股份有限公司(母公司)对信恒公司(子公司)和信谊公司(子公司)的长期股权投资均采用成本法核算，因此，在编制合并财务报表时，应当以母公司和其子公司的个别财务报表为基础，根据有关资料，按照权益法调整对子公司的长期股权投资，并调整相应的财务报表。

2. 按照权益法调整母公司个别财务报表。

(1) 按应享有调整后子公司本年实现净利润调整长期股权投资。

调整后信谊公司本年实现净利润＝697 038.1－24 000＝673 038.1 元。

借：长期股权投资——立信对信恒(1 178 000×80%)　　942 400

　　　　　　　　——立信对信谊(673 038.1×15%)　　100 955.72

　贷：投资收益　　1 043 355.72

(2) 抵销原按成本法确认的股利，并按权益法调整长期股权投资。

借：投资收益　　430 000

　贷：长期股权投资——立信对信恒(500 000×80%)　　400 000

　　　　　　　　　——立信对信谊(200 000×15%)　　30 000

(3) 按应享有子公司以前年度的所有者权益变动调整长期股权投资。

借：长期股权投资——立信对信恒[(14 015 994.06－12 500 000)×80%]

　　1 212 795.25

　　　　　　　　——立信对信谊[(9 202 871.71－8 000 000－2 000×149)×15%]

　　135 730.75

　贷：资本公积——年初(200 000×80%＋340 000×15%)　　211 000

　　　未分配利润——年初　　1 137 526

（将上述分录中调整项目的金额填入工作底稿中立信公司个别报表中的调整过程栏中，并计算出调整后的金额及工作底稿上调整后的利润表、资产负债表和所有者权益变动表。）

由于信恒公司对信谊公司的投资采用的是权益法，因而不需对其财务报表进行调整。最后，计算合并范围内调整后的个别报表合计金额。

3. 编制合并财务报表抵销分录。

(1) 抵销长期股权投资与信恒公司所有者权益项目。

借：股本——年初　　12 500 000
　　资本公积——年初　　200 000
　　盈余公积——年初　　1 036 224
　　盈余公积——本年增减变动　　235 600
　　未分配利润——年末　　722 170.06
　贷：长期股权投资——立信对信恒(14 693 994.06×80%)　　11 755 195.25
　　少数股东权益(14 693 994.06×20%)　　2 938 798.81

(2) 抵销长期股权投资与信谊百货公司所有者权益项目。

信谊百货公司调整后的所有者权益＝96 999 909.81＋768 000－322 000＝10 145 909.81(元)

借：股本——年初　　8 000 000
　　资本公积——年初(340 000＋768 000)　　1 108 000
　　盈余公积——年初　　484 477.96
　　盈余公积——本年增减变动　　69 703.81
　　未分配利润——年末(805 728.04－322 000)　　483 728.04
　　（以上合计 10 145 909.81）
　　*商誉(250 000×60%)　　150 000
　贷：长期股权投资——立信对信谊[(10 145 909.81＋250 000)×15%]
　　　　1 559 386.47
　　　——信恒对信谊[(10 145 909.81＋250 000)×45%]
　　　　4 678 159.42
　　少数股东权益(10 145 909.81×40%)　　405 836.92

（这里的*商誉是在立信公司和信恒公司对信谊公司初始投资时，其投资成本超过其可辨认净资产公允价值所造成。在编制合并财务报表时，应将母子公司长期股权投资中隐含的商誉予以反映，而少数股东权益不需反映。）

(3) 抵销投资收益与信恒公司利润分配有关项目。

借：投资收益——立信对信恒(1 178 000×80%)　　942 400
　　少数股东损益(1 178 000×20%)　　235 600
　　未分配利润——年初　　279 770.06
　贷：提取盈余公积　　235 600
　　对所有者的分配（现金股利）　　500 000
　　未分配利润——年末　　722 170.06

(4) 抵销投资收益与信谊公司利润分配有关项目。

借：投资收益——立信对信谊(673 038.1×15%)　　100 955.72
　　　　　　——信恒对信谊(673 038.1×45%)　　302 867.14
　　少数股东损益(673 038.1×40%)　　269 215.24
　　未分配利润——年初(378 393.75－298 000)　　80 393.75
　贷：提取盈余公积　　69 703.81
　　　对所有者的分配(现金股利)　　200 000
　　　未分配利润——年末　　483 728.04

(5) 抵销集团内部交易。

① 抵销立信公司与信恒公司内部固定资产交易未实现损益及其所得税影响。

借：主营业务收入　　420 000
　贷：主营业务成本　　324 471.00
　　　固定资产——向信恒公司购入　　95 529.00
借：递延所得税资产(95 529.00×25%)　　23 882.25
　贷：所得税费用　　23 882.25

② 抵销信恒公司与信谊公司内部存货交易未实现损益及其所得税影响。

借：主营业务收入(150 000＋408 000)　　558 000
　贷：主营业务成本　　483 750
　　　存货——向信恒公司购入(330 000×22.5%)　　74 250
借：递延所得税资产(74 250×25%)　　18 562.5
　贷：所得税费用　　18 562.5
借：主营业务收入　　120 000
　贷：主营业务成本　　72 000
　　　管理费用　　48 000

③ 抵销内部债权债务及其坏账准备和所得税影响。

借：应付账款——信谊公司　　139 200
　贷：应收账款——立信公司　　139 200
借：应收账款——坏账准备(139 200×2%)　　2 784
　贷：信用减值损失　　2 784
借：所得税费用(2 784×25%)　　696
　贷：递延所得税资产　　696
借：应付票据——信恒公司　　631 800
　贷：应收票据——信谊公司　　631 800
借：应付账款——信恒公司　　473 280
　贷：应收账款——信谊公司　　473 280
借：应收账款——坏账准备　　9 465.6
　贷：信用减值损失(473 280×2%)　　9 465.6
借：所得税费用(9 465.6×25%)　　2 366.4
　贷：递延所得税资产　　2 366.4

借：应付股利——信恒应付立信(500 000×80%)　　400 000
　　　　　　——信谊应付立信(200 000×15%)　　30 000
　　　　　　——信谊应付信恒(200 000×45%)　　90 000
　贷：应收股利——立信应收信恒(500 000×80%)　　400 000
　　　　　　　——立信应收信谊(200 000×15%)　　30 000
　　　　　　　——信恒应收信谊(200 000×45%)　　90 000

(6) 少数股东按照持股比例分担内部交易未实现损益。

信恒公司内部交易未实现损益＝－74 250＋18 562.5＋9 465.6－2 366.4＝－48 588.3(元)

信谊公司内部交易未实现损益＝2 784－696＝2 088(元)

借：少数股东权益　　8 882.46
　　少数股东损益——对信谊投资(2 088×40%)　　835.20
　贷：少数股东损益——对信恒厂投资(48 588.3×20%)　　9 717.66

(7) 少数股东按照持股比例分担信恒公司本年其他综合收益。

借：其他综合收益　　－14 525.07(－72 625.33×20%)
　贷：少数股东权益　　－14 525.07

(8) 现金流量表工作底稿上的抵销分录。

① 内部存货购销抵销。

借：购买商品、接受劳务支付的现金　　174 000
　贷：销售商品、提供劳务收到的现金　　174 000

② 内部固定资产购销抵销。

借：购建固定资产、无形资产和其他长期资产所支付的现金　　462 000
　贷：销售商品、提供劳务收到的现金　　462 000

③ 内部发放的股利抵销。

借：分配股利、利润或偿付利息支付的现金　　510 000
　贷：取得投资收益收到的现金　　510 000